混龄教育实践与探索

潘伟红　著

哈尔滨出版社
HARBIN PUBLISHING HOUSE

图书在版编目（CIP）数据

混龄教育实践与探索／潘伟红著. -- 哈尔滨：哈
尔滨出版社，2025. 1. -- ISBN 978-7-5484-8087-7

Ⅰ. G612

中国国家版本馆 CIP 数据核字第 2024GU2582 号

书　　名：**混龄教育实践与探索**
HUNLINGJIAOYU SHIJIAN YU TANSUO

作　　者：潘伟红　著

责任编辑：魏英璐

出版发行：哈尔滨出版社（Harbin Publishing House）

社　　址：哈尔滨市香坊区泰山路82-9号　邮编：150090

经　　销：全国新华书店

印　　刷：北京虎彩文化传播有限公司

网　　址：www.hrbcbs.com

E - mail：hrbcbs@ yeah. net

编辑版权热线：（0451）87900271　87900272

销售热线：（0451）87900202　87900203

开　　本：787mm×1092mm　1/16　印张：12　字数：221千字

版　　次：2025年1月第1版

印　　次：2025年1月第1次印刷

书　　号：ISBN 978-7-5484-8087-7

定　　价：68.00元

凡购本社图书发现印装错误，请与本社印制部联系调换。

服务热线：（0451）87900279

前　　言

　　随着时代发展和教育理念的不断变革,混龄教育受到了越来越多人的关注和研究。混龄教育与传统同龄教育最大的不同之处在于,它将不同年龄、个性和能力的学生集合在一起进行共同学习。通过这种教育方式,学生可以相互学习、互相帮助、共同成长,形成一种多元互动的学习氛围。混龄教育的核心目的是打破年龄界限,让不同年龄的孩子在同一个教育环境中共同学习、一起成长,实现教育的公平性、全面性和个性化。在混龄教育实践中,教师需要根据不同年龄段孩子的身心发展特点和需求,制订个性化的教育计划和活动,鼓励孩子之间的交流和合作,实现学生的全面发展。

　　对混龄教育的研究和实践是建立在科学认知儿童发展规律的基础上。不同年龄段的儿童,其认知、情感和社会性发展虽然存在一定的差异,但是这并不妨碍不同年龄段的儿童共同学习、一起成长。混龄教育正是基于这样的认识,充分利用不同年龄段孩子之间的相互影响,通过交流、合作和竞争等方式,促进他们的共同提高。在混龄教育中,教师应突破知识传授者这一被动角色,成为孩子们学习的引导者、组织者和支持者。教师在发现和总结每个孩子的特点和优势方面具有更高的灵敏性,不断完善自身的教育专业知识,提高自身的教育专业素养,能够综合运用多种教学方法。在混龄教育实践中,为了实现教育资源的共享和优化,学校需要重新配置教育资源。这包括但不限于课程设置、教师配置、教学设备等方面。此外,家庭和社会也需要发挥积极作用,提供支持和资源,共同推进混龄教育的发展。本书共分为七个章节,第一以混龄教育的基本概述以及实施为出发点,通过相关介绍让读者对混龄教育有更加清晰的了解,进一步阐述混龄教育管理的原则、方法、过程以及目标。第二,混龄教育中的家园共育以及集体教育活动的开展为混龄教育提供了更加广阔的空间,文章对生活教育在混龄班区域活动中的实践内容与方法进行了详细的分析,并通过多种活动构建出混龄班生活教育课程。混龄教育作为一种新型的教育模式,虽然面临着诸多挑战和困难,但其独特的优势和价值已经得到了越来越多的认可。在未来的教育实践中,需要不断探索和尝试,努力推动混龄教育的普及和发展,为每个孩子创造更美好的成长空间。

目　　录

第一章　混龄教育的概述

第一节　混龄教育的内涵

一、混龄教育的内涵和特点

(一)同龄教育与混龄教育

混龄教育产生于特殊的历史背景下,那时主要是为了解决教育资源紧张、师资不足等问题,而将不同年龄的学生放在同一个班级中学习。这种教育形式相对简单,缺乏明确的教育理念和教学方法。随着混龄教育实践的不断增多,一些教育工作者开始积极探索和研究混龄教育的特点和规律,使得混龄教育的内涵变得越来越丰富和具体。

广义的混龄教育是指不同年龄的幼儿一起开展教育活动。狭义的混龄教育则是指混龄教育理念成熟后的教育成果。在制度化教育体系中,同龄教育占据主导地位,狭义的混龄教育需要与同龄教育相对应来理解。同龄教育是指基于同一年龄段幼儿的发展规律和特点,为这些幼儿制定教育目标,依据年龄段进行编班,进行有组织、有计划的教育活动。这种教育方式与正式的学校制度紧密结合,为孩子们提供了稳定、系统的学习环境。17世纪捷克教育家夸美纽斯提出班级授课制后,同龄编班这种教育形式便在世界各地的学校中广泛采用。这种教育方式有助于快速扩大教育规模、便于管理和组织、节约师资等,使得它成为学校教育的主要形式。

随着人们对教育理念的不断深入和反思,人们逐渐认识到同龄编班的教学组织形式存在一些问题。如同龄编班容易忽视幼儿发展的个别差异,同龄编班还可能阻碍具备不同经验的幼儿之间的互动学习等。为了弥补同龄教育的不足,混龄教育开始受到专业研究者的关注。并从最初宽泛的非专业概念,到如今发展为一个专业的术语,狭义的混龄教育应运而生。

狭义的混龄教育并非简单地将一群不同年龄的儿童随意组合在一起的教育形式,而是经过精心组织和深入思考后形成的一种教育方式。它是基于不同年龄段幼儿身心发展规律和特点,通过科学的教育理念和方法,强调幼儿的全面发展的一种教育方式。在狭义的混龄教育中,教育者需要充分了解不同年龄段幼儿的身心发展特点,根据这些特点,教育者可以制定出更加贴合幼儿实际需要的混龄教育目标,同时,狭义的混龄教育强调有计划、有组织地进行。在幼儿园教育中,教育者需要合理地安排不同年龄段幼儿的组合方式,确保每个班级或小组为的幼儿能够形成良好的互动关系。以上即为本书所研究的限定于幼儿园教育阶段的混龄教育。

(二)混龄教育的特点

混龄教育的实践形式多种多样,名称也各有不同。例如,混龄活动、混龄班、混合班、"大带小"等。戴安认为这些不同的混龄教育形式虽然名称不同,但它们都具备一些基本的要素和特点:一是不考虑幼儿的实际能力,而是将不同年龄的幼儿简单地编在同一个班级;二是教学的设计和实施重点在于满足幼儿的发展需要;三是坚持幼儿发展的适应性发展方案和整体发展观。

许多学者和教育机构都对混龄教育的特征进行过深入的探讨和阐述。其中,安德森和帕凡以及美国学校管理者协会都给出了对混龄教育的独特见解。主要有以下观点:幼儿群体的异质性、满足课堂教学需要的灵活性分组形式、以幼儿为中心的教师指导、教师成为幼儿学习的促进者和引导者、发展适宜性的教学方案等,因此,可以总结出混龄教育的特点。

1. 幼儿之间存在一定的年龄差距

混龄教育作为一种独特的教育形式,其最为显著的特点就是"混龄"。这种编班方式不仅为幼儿提供了多样化的学习环境,还为他们创造了与不同年龄同伴互动、合作和交往的机会。混龄教育中,幼儿之间的年龄跨度是一个重要的考虑因素。一般来说,国外的观点是年龄相差至少 2 年,而国内的观点是相差 12 个月以上为宜。不同年龄段幼儿组合的比例也是影响混龄教育效果的重要因素。在国内,一般认为大、中、小班幼儿应以 1 ∶ 1 ∶ 1 的比例进行组合。此外,班级幼儿的年龄范围也是需要考虑的因素。在幼儿园阶段,3-6岁幼儿都适合进行混龄教育。

2. 幼儿身心发展存在较大的异质性

混龄编班是将不同年龄的幼儿组合在一起,形成一个多元化的学习群体。这种编班方式带来的内部差异是十分明显的,因为每个幼儿都有自己的发展轨迹和个性特点。相对于传统的同龄编班,混龄编班中的幼儿在个人背景、能力、兴趣、个性、经验、知识等方面都存在差异。混龄教育中的异质性是其核心特点之一。这种异质性为幼儿之间的互动和合作学习创造了丰富的环境。具体的教育活动的组织与实施需要深入了解和利用这种差异,为孩子们提供更加个性化、多元化的学习体验。通过让幼儿参与各种互动和合作学习的活动,他们可以在接纳、理解他人的差异过程中,提升自己的认知能力和社会适应能力。

3. 根据不同的教育内容和幼儿发展需要采取灵活的分组形式

在混龄教育活动的开展过程中,教育者需要根据不同的教育内容和幼儿身心发展的具体需要,灵活地采取多种分组活动形式。例如,对于一些需要独立完成的认知任务或个体学习活动,教师可能会采用独立活动的形式,让每个幼儿独立完成任务,培养他们的独立思考和自主学习能力。而对于一些需要合作完成的任务或集体活动,教师则可能会采用结对活动、小组活动、大组活动甚至全班活动等形式。同时,分组活动的形式也不是一成不变的。教育者会根据幼儿的兴趣、发展需要、学习方式、问题解决、技能指导以及经验的巩固强化等因素的变化,灵活地调整分组形式。在整个混龄教育活动中,教师需要同时考虑集体和个人的需要。他们需要根据不同年龄段幼儿的发展特点和需求,灵活地采取不同的分组方式,以便为幼儿的成长提供适宜的支持。

二、混龄教育的理论基础

任何教育模式的组织和实施都是以一定的理论为基础的,并包含着一系列相关的教育假设。以同龄教育为例,其理论基础来源于近代心理学和教育学研究中有关幼儿心理发展具有年龄特征的分析。米勒认为,传统的同龄编班是基于三种假设:同龄儿童具备掌握相同学习内容的基础;同龄儿童要用同样的时间来掌握既有的知识内容;同龄儿童能够以相同的速度掌握预先规定的内容。不过,他补充道:"严格按照年龄分组并没有考虑到不同年龄的儿童在日常生活中可以相互学习这一现实。"这实际上揭示了同龄教育本身的不足,某种程度上也指出混龄教育开展的必要性。混龄教育有着广泛的理论基础做支撑。

(一)皮亚杰的认知发展理论

皮亚杰的认知发展理论主要是其从生物学方面的相关理论演绎而来的。他认为,智力或思维只是个体的一种适应,儿童的思维发展起源于儿童基于自身原有的知识结构,在与周围环境持续互动的过程中,不断补充和建构新的知识经验,最终使自身心理实现从低级向高级的发展。皮亚杰认知发展理论的一个核心即强调的是儿童主动参与,知识并不仅仅是简单地通过口头传达就能为儿童所掌握,而是需要儿童不断地主动建构和重构。对于儿童而言,要掌握并建构起有关世界的知识,他就必须同外部环境产生持续的互动。在掌握相关经验与知识的过程中,儿童本身必须是积极主动的,而不是一个需要被动的、需要填满各种事实的容器,"认识起因于主客体之间的相互作用"。

皮亚杰把儿童智力的发展描述为三个基本的过程:同化、顺应和平衡化。同化是将外界新的信息整合进原有的认知结构的过程。顺应是指改变原有的知识结构来适应外部的新信息。通过同化和顺应的过程,儿童形成了新的知识结构。平衡化则是指儿童面对一些新的经验时,原有的知识结构无法吸收这些经验,认知发展便出现了不平衡,那么通过同化和顺应的过程,儿童的知识结构便可重新获得平衡。在儿童的成长过程中,平衡化的过程会不断进行。不过,皮亚杰认为,儿童对新的知识与经验的掌握,必须给予一定的生理及心理的成熟,因为儿童的发展既是连续进行的,但又具有一定的阶段性,有着一定年龄的阶段性特征。虽然受各种因素如环境、教育、文化以及儿童自身学习动机的影响,这些阶段性特征并不同年龄绝对地一一对应,而是有所提前或推迟,但阶段发展的前后顺序是不变的,同时各个阶段的发展有一定的交叉,前一个阶段往往构成后一个阶段的必要条件。对此,他还把儿童思维发展划分为了四个大的年龄阶段。

从皮亚杰的认知发展理论可以看出,儿童与外界环境的持续互动是其学习的主要方式,而同伴则是儿童进行互动学习的重要对象。儿童在与各种发展水平的同伴互动时,往往会由于彼此知识经验的不一样,在互动中产生认知冲突。在这样一种认知冲突中,儿童常常不得不改变自身原有的知识结构,以接纳和获得新的知识经验,实现自身认知的发展。这实际上为混龄教育中不同年龄幼儿之间的互动学习提供了理论基础。不同年龄、不同发展水平的幼儿,能够在彼此的合作、交往、分享、互动中不断地产生观念的碰撞和经验的交流,不仅使幼儿获得了更多的学习体验和机会,而且还激发了幼儿主动学习和交往的动力。

(二)维果斯基的社会发展理论

苏联著名心理学家维果斯基一直致力于儿童发展与教育信息心理方面的研究,在心理学领域做出了突出贡献,他所提出"文化-历史发展理论"引起了心理学界的广泛关注,主要是针对人类心理机能形成的解释。他在恩格斯思想的基础上,认为工具的使用,对于人类而言具有十分重要的意义,人类通过使用工具创造了世界,也是通过使用工具掌握了适应外部环境变化的一种新方式,从此摆脱了动物的本性,与动物之间有了实质性的显著区别。动物是通过自身特性来适应大自然,而不同于动物适应自然的方式,人类则是通过使用各种不同工具接近大自然,从而适应大自然。工具不仅改变了人类的生活方式,而且也使人类更好地适应社会与大自然,通过工具人们进行生产生活。

维果斯基将人的心理机能总结归纳为两大类:一种是生物进化的最终结果,从而形成低级心理机能;另一种则是受社会发展的影响,而形成的高级心理机能,而由他提出来的儿童心理学理论,就是基于这两类心理机能而发展起来的。他认为人的心理发展,离不开社会文化所产生的作用,社会文化是人心理发展的重要因素,对于人的心理发展具有重要作用。而教育作为社会文化的重要传播路径,在儿童心理发展上起到了不可或缺的关键作用,没有教育教学作为重要载体,儿童心理发展难以得到实现。而对于儿童心理的发展,第一它是属于一个外部的活动,然后才会逐渐转变为儿童自身的一个内部活动,在内部活动与外部活动的相互作用下,形成一种高级的心理机能。充分反映了社会文化在儿童心理发展所产生的重要作用,则意味着在混龄教育中,不同年龄段同伴的交往,能够使儿童获得不同的文化背景,并得到不同程度的发展。

此外,"文化-历史发展理论"不仅是由维果斯基提出来的,而且就连"最近发展区理论"也是由他提出来的,既蕴含了学习关键期等重要理论思想,还蕴含了"最近发展区"等关键思想,着重于强调教育的重要性,详细论述了教育与发展之间的关系。第一,他认为教育对于儿童发展起到了不可替代的重要作用,倘若没有教育作为载体,儿童就无法得到实质性的发展,这显得教育实施效果尤为关键与重要,教育的实施效果不仅关乎着儿童的发展水平,同时也关乎着儿童的发展程度与效果,当然,这也离不开成人的帮助,换言之就是同伴的互动,儿童发展水平才能够超越原有发展水平,从而实现一个可能达到的发展水平。而最近发展区是指在成人的帮助下,儿童能够达到独立解决问题的一个发展水平。对于"学习的关键期",维果斯基做了详细阐述,他认为儿童对于任何技能都有一个关键的学习时期,同时也有一个关键的掌握时期,虽然教学的目的是促进儿童发展,但同时把握儿童技能关键学习时期尤为关键与重要。

(三)伯纳德·韦纳的归因理论

归因理论是一个心理学概念,它探讨的是人们如何解释自己或他人的行为结果。简单来说,归因理论就是探究事情发生的原因。在学校情境中,孩子们经常会思考自己成功或失败的原因,他们会问:"我为什么成功?"或者"为什么我总是失败?"这些问题都涉及归因理论。关于这些解释,我们可以将其分为两类:外部归因和内部归因。外部归因是指个体将事情发生的原因归结为外部因素。这种归因方式意味着个体认为自己无法控制或影响事情的结果,因此无需为事情承担责任。相反,内部归因是指个体认为事情发生的原因是受自身内部因素的影响。这种归因方式意味着个体认为自己应该为事情负责,因为事情的结果是由自己的行为或态度所决定的。

美国心理学家伯纳德·韦纳对此进行了进一步的扩展。他认为,人们对行为成败原因的分析可归纳为以下六个原因:(1)能力,对自己能否胜任某项工作的评价与判断;(2)努力,个人对自己在工作中是否尽力进行反省检讨;(3)工作难度,凭个人经验判定某项工作的困难程度;(4)运气,个人认为事情的成败是否与运气有关;(5)身心状况,个人是否认为自己工作时的身体及心情状况影响了工作成效;(6)其他,个人认为事情的成败是否受到了其他的人与事的影响(如别人帮助或评价不公等)。

在幼儿园混龄教育中,不同年龄的幼儿在面对问题时,无论是模仿学习、观察学习,还是自主探究式的建构性学习,都会受到他人评价、期望等多种因素的影响。第一,教师对幼儿归因的形成具有重要影响。教师对于幼儿问题解决行为的积极情绪反馈和言语肯定,能够给予孩子们正面的激励,增强他们的自信心。当幼儿面对成功或失败时,教师的期望和引导也起着至关重要的作用。如果教师能够帮助幼儿将成功归因于内部的、稳定的因素(如个人能力),他们将更有可能建立起积极的自我效能感,从而在未来的挑战中更加自信。同样,将失败归因于外部的、不稳定的因素(如运气),也有助于幼儿正确看待失败,避免陷入沮丧和无助的情绪中。第二,同伴互动也是影响幼儿形成合理归因和正确自我评价的重要因素。对于低年龄的幼儿来说,他们往往会观察、模仿高年龄幼儿的行为,且获得来自年长同伴的积极评价或是主动的帮助,有助于幼儿自信心的形成,相反,如果同伴给予消极的评价或忽视,幼儿可能会对自己的能力产生怀疑,对未来的学习和发展产生不利的影响。

第二节　混龄教育开展现状及经验

一、我国混龄教育开展的历史与现状

(一)我国混龄教育开展的历史

同国外相似,我国广义上的混龄教育开展的时间很早,但最初也是出现在教育资源有限的农村地区基础教育中。到了 20 世纪 90 年代后,对混龄教育进行的专门探讨已比较普遍,特别是学前教育领域中的混龄教育,在不少地方已经有了比较成熟的探索经验。

我国幼儿园混龄教育的开展也有其特定的历史背景和原因。

虽然直到目前,我国绝大多数幼儿园仍采用同龄编班的教育形式,相关课程、教学目标、评价标准的设置均围绕同龄编班展开,但客观上我国不仅地区间社会经济发展水平差异很大,城乡经济发展水平存在着明显的差距,而且在教育资源分布上,中西部农村地区以及老、少、边、穷地区教育资源普遍短缺,师资不足、房舍有限等问题突出,如果采用传统的同龄编班形式进行教育,很多贫困地区的学前教育活动则难以正常开展。贫困地区的幼儿园和教育工作者基于教育资源紧缺这样一种客观现实,为了更好地满足幼儿的受教育需要,采取打破原有按年龄分班组织教育活动的形式,因地制宜地开展了各种混龄教育活动。从目前已有的实践效果看,混龄教育活动已经不再是一种应对教育资源紧缺的应急性教育形式,在实际的开展过程中,研究者和教育工作者们普遍发现,混龄教育不仅节约了大量的教育资源,有利于将有限的教育资源集中于贫困地区学前教育发展的最为关键的环节,而且结合有关"大带小"的传统教育方式,实现了异龄幼儿之间有效互动和共同成长,对于促进贫困地区学前教育的普及起到了一定的积极作用。

国外专门针对混龄教育展开的实践和探讨要早于我国,在具体的教育理念和教育策略上也相对更为成熟,同时与混龄教育相关的各种教育理论研究也十分丰富,为我国混龄教育的开展提供了诸多可供借鉴的经验。改革开放以后,各种西方儿童心理学理论开始被大量地引入我国,在丰富人们对儿童发展规律的认识和教育实践经验的同时,也直接导致我国很多教育研究者和教育工作者对儿童学习与发展方式的认识发生了深刻变化,逐渐认识到传统同龄编班教育对儿童成长的局限性和混龄教育开展的必要性。诸如,蒙氏教学、瑞吉欧教育等国外的教育理念中所蕴含的混龄教育相关内容,则成为我国学前教育工作者在力求与世界接轨并促进我国教育现代化的过程中,努力吸收和转化的重要部分。对此,国内一些教育工作者和研究者开始在幼儿园中开展了混龄教育探索活动,旨在形成同我国现实国情紧密结合的、具有中国特色的混龄教育模式。

(二)我国混龄教育开展的现状

我国幼儿园混龄教育经过多年的探索与实践,目前在组织和实施的对象、组织形式、内容等诸多层面都已经形成了一些新的特点和经验。

1.从组织实施的对象上看

基于对不同年龄段幼儿身心发展特点的认识,我国幼儿园混龄教育对象从年龄跨度上看,已经不再局限于年龄跨度为1~2岁的幼儿,而是通过尝试对不同年龄跨度的幼儿进行混龄教育,形成了小跨度混龄和大跨度混龄这两种混龄教育方式,由此形成了多种混龄组合的混龄教育。小跨度混龄是指小中班混龄或中大班混龄,大跨度混龄是指小大班混龄或托大班混龄。对于小跨度混龄而言,考虑到年龄越小的幼儿具有的独立活动的特点,相关合作能力还未发展起来,因此同伴之间难以发生深刻的交往和互动,因而在需要有较多认知参与的活动中,小跨度混龄能让幼儿基于彼此相似的经验、思维特征、理解能力,在就相同的问题进行推理、判断、比较时,能够更好地进行沟通和对话;对于大跨度混龄而言,考虑到小年龄幼儿喜欢观察模仿,而大年龄幼儿则更乐于展示和合作,因此在一些以动作技能锻炼为主要内容的活动中,教师有意识地引导大年龄幼儿去主动地发挥榜样示范的作用,不仅培养了大年龄幼儿有关责任和义务等方面的心理品质,而且也使得低年龄幼儿积累了丰富的认知经验。

2. 从组织形式上看

第一是"混龄班"模式,即幼儿园实现全部混龄编班,在幼儿一日生活的各个环节都实施混龄教育,因此这种"混龄班"模式也被称为"连续性混龄"。"混龄班"模式要求教师对幼儿一日生活的各个环节进行科学规划,在对各个环节的具体活动内容、指导方式、活动目标进行深入分析的基础上,制定不同环节混龄教育开展的具体方式和相应的指导策略,力求保证不同活动环节能实现自然过渡。"混龄班"模式的主要特点和优势在于,不仅能保证幼儿有充分的混龄活动时间,强化混龄教育的效果,而且对于教师而言,能够借此提升自身对幼儿一日生活活动的安排和规划能力,强化他们对幼儿学习特点和发展规律的认识。不过,由于混龄班活动持续的时间较长,同时不同年龄的幼儿一起参加活动,活动的复杂性加大,对于教师而言,在具体的管理、教学工作等方面就面临着更多挑战。

第二是"间断性混龄"模式,主要是指按照混龄教育组织的时间维度来划分,每天或每周安排一定的混龄时间来开展丰富的混龄活动,如区域游戏活动等,其他时间则仍采用同龄编班的形式。"间断性混龄"模式考虑了混龄教育的开展对教师、幼儿园管理等方面有着较高的要求,如何在有限的场地资源、教师资源的情况下,让混龄教育更好地发挥其积极作用。对此,基于幼儿园自身资源分布的特点以及相关教育活动的具体形式和要求,幼儿园选择一些固定的教育环节开展混龄教育,并借此安排好相关的人员配备和资源支持,尽可能地提高幼儿园资源的利用率。"间断性混龄"模式相比于"连续性混龄"模式,在组织的复杂性和难度上都要低,对教师而言所面临的管理压力就会小很多,同时还具有时间固定、地点固定、幼儿编班固定、教师配班固定以及活动内容灵活等特点,是目前一些幼儿园常常采用的一种混龄模式。

第三是"梯度混龄"模式,指当幼儿入园时先进入小年龄跨度(一般是1~2岁)的小混龄班。在小混龄班,由于幼儿之间年龄差异不大,身心发展水平相似,方便教师组织管理和幼儿之间更好地合作互动;而当幼儿在情绪情感等方面有了一定的基础和准备后,再让其进入大年龄跨度(2~3岁)的大混龄班。"梯度混龄"模式充分考虑了不同年龄段幼儿身心发展的特点对混龄教育开展形式、指导策略、评价目标等方面的诸多要求,同时力求将混龄教育的功能和价值发挥到最大。这种有着明确发展导向的、循序渐进的教育形式,其最大的特点是,活动本身的具体组织和实施是分阶段进行的,大年龄跨度混龄教育的开展是建立在小年龄跨度混龄教育开展成熟的基础上,因此对于教师而言,所面临的压力要小很多;同时由于每个阶段的活动是有着明确的、层层递进的活动目标,因此幼儿活动的状况易被观察与评价。

3. 从组织内容上看

幼儿园混龄教育活动的组织与实施十分灵活,并没有明确的、特定的限制,但在某些具体的活动内容方面,相比于同龄教育而言则要进行专门的设定和组织,故难易程度上有一定区分。

第一,诸如讲述、谈话等语言活动以及手工操作、实验探索、艺术欣赏与表现、体育游戏等活动较易开展混龄教育。这主要是因为:(1)这些活动对幼儿的认知水平要求相对较低。尽管不同年龄段幼儿的具体发展特点和目标不一样,但在总的发展目标上趋于一致,只是在特定时期的发展要求有高低的差别,比如语言类活动和体育类活动,对于幼儿而言,易于模仿与观察,其中隐含的活动目标虽然存在差异,但并不是质上的巨大差异,一般都处于幼儿的最近发展区内,因此活动目标的内在连续性较强,易于教师组织和评价。这种特征在社会性发展、情感发展、健康发展方面更是如此。(2)这些活动的内容与幼儿日常生活联系最为密切,在组织与实施的过程中,从素材的选取上讲,教师更容易从幼儿周围生活环境中选取幼儿习以为常的材料作为教学素材,如手工活动中很多材料取材于日常的废弃物品,幼儿对这些材料的特点和性质有一定的了解;从幼儿的经验准备上讲,对相关内容幼儿早已有丰富的日常经验,诸如一些科学性的探索实践活动常常是让幼儿进一步了解或探索,因此活动的实施更易引起幼儿的兴趣并能调动幼儿参与互动的积极性。

第二,对于一些主要需要个体内在的心理认知能力参与的活动,如数学教育、诗歌散文欣赏、绘画等,以及对个体技能水平要求较高的音乐、体育活动,则比较难以作为混龄教育的内容,主要原因在于:(1)这些活动对幼儿的认知发展水平要求绞高,活动的过程主要是个体内在思维力、想象力等参与的结果,对于仍主要依靠观察、模仿以及表象思维进行学习的幼儿而言,很难通过互动交往的方式来获得相关经验。同时,相同年龄段的幼儿在各自年龄段的思维发展水平、学习兴趣相近,而不同年龄段的幼儿显然在经验准备、兴趣爱好、思维方式等方面存在较大差异,因此围绕这些内容展开的混龄教育活动比较难调动幼儿互动学习的兴趣。(2)受不同年龄段幼儿身心发展水平的制约。围绕这些内容展开的教育活动的侧重点会有不同,同时活动开展所需要的幼儿的经验准备也不一样,在制订活动目标和具体的指导策略上就会存在较大差异,因此对于教师而言,要在不同的教育内容及教育策略之间取得平衡,往往面临着很多困难。这不仅要求教师要有丰富的教育和管理经验,而且要对各个年龄段幼儿的发展目标有着全面的了解和认识,并能随时根据教育活动的开展调整自己的教育策略和节奏。如对于大班幼儿而言,其归纳、推理、判断能力已经有较大的发展,在进行一些科学实验类活动时,其兴趣点和思考问题的重心同小班幼儿往往不在一个层面,如果围绕这样的内容开展混龄教育,不同年龄段幼儿的学习兴趣就很难得到调动,最终可能会导致活动目标难以真正实现。

二、我国混龄教育开展的反思

从我国混龄教育的发展历程以及目前混龄教育开展的实际情况看,学前教育工作者和研究者经过不断摸索和探讨,在教育理念、组织形式等多个方面积累了不少经验。不过,与此同时需要思考的是,任何一种教育形式的实施和发展,都离不开一整套完整的教育理论体系做支撑。与传统的同龄编班教育相比,我国幼儿园混龄教育在相应的教育理论体系、教育评价、组织策略等方面还存在诸多不足,因此未来还需要不断地加以改进和完善。

第一,混龄教育的有效开展离不开高素质的专业幼儿园教师队伍,因此不断提升教师的专业素质,改变教师的观念和行为,就成为保证混龄教育质量的关键。已有研究发现,目前我国幼儿园教师队伍整体质量不高,同中小学教师相比,无论是在学历、职称还是专业准备上,都存在十分明显的差距,甚至有相当一部分教师未获得教师资格证。如前所述,混龄教育对教师的专业素养有着较高的要求,但从当前幼儿园教师队伍的素质状况来看,符合基本专业素质要求的幼儿园教师比例都很小,能满足混龄教育需要的高素质的幼儿园教师则更少。当前,我国幼儿园混龄教育的专业探索主要发生在一些公办性质的优质幼儿园,这类幼儿园不仅各类资源丰富,为混龄教育的研究与开展提供了诸多保证,更为重要的是教师队伍质量相对较高,能够比较好地领会混龄教育的理念和要求,并有效地进行混龄教育的实践和探索。从这方面看,目前我国混龄教育所取得的一些成果和经验,更像是优质幼儿园才能有资格独享的"奢侈品",对于普通幼儿园而言,相关成果与经验是否适合有待进一步考察。因此,混龄教育未来要在我国得到普及和发展,一方面不断提高幼儿园教师队伍素质是关键,另一方面还需要考虑如何能进一步细化混龄教育的操作流程和方法,使其能真正发展成为一种适合普通幼儿园开展的教育形式。

第二,幼儿园教师及管理者要注重对幼儿园一日生活的安排与优化。目前,无论是哪一种混龄教育模式,其实际开展都是基于幼儿园一日生活的各个环节,在既有课程设置的基础上进行的,不是独立于幼儿园现有教育活动的单独教育形式。与同龄教育相比较,混龄教育活动的安排,相同的教学内容往往同时需要多种教育策略、评价标准。这对教师和幼儿园相关资源提出了更高的要求,这种更高的要求就是要对一日生活的各个环节进行相应的调整和安排。比如,对于一个混龄体育游戏活动而言,不同年龄段幼儿的活动兴趣点和运动水平会存在一定差距,那么为了吸引幼儿能围绕特定的活动主题进行互动,就需要在活动器材投放、场地准备、教师指导等多个方面做好准备,并为不同幼儿的互动学习留足相对充裕的时间。这不仅要求幼儿园要适当地改变原有一日生活的内容结构及时间安排,还要在人员配备方面做好相关准备。由此可以看出,幼儿园混龄教育的开展往往需要比较全面的整体设计与规划,其中最有效的方式应是紧密地同一日生活的各个环节实现自然的融合与衔接,避免混龄教育活动对幼儿园原有成熟的教育活动造成压力。

第三,混龄教育在具体的组织和实施过程中,要仔细研究活动内容和活动材料的关系,要充分考虑不同年龄幼儿对活动材料的需要。幼儿园各类活动一般都可以设计为混龄教育活动,如体育类活动、区域活动、角色游戏等,但与同龄教育相比,由于不同年龄段幼儿在具体参与某类活动时的行为表现、活动的复杂性、目的性等存在比较大的差异,因此如何促进不同年龄段幼儿相互之间发生积极的影响,往往需要教师在材料提供、指导策略上提前做出规划和设计。比如室内的角色游戏,不同年龄的幼儿对主题存在明显的偏好,同时游戏情节的复杂性也存在差异。小年龄幼儿更多的是独自游戏、平行游戏,而大年龄幼儿则以合作性游戏和平行游戏为主。如果教师组织实施不当,那么幼儿之间的互动学习机会就会很少。再者,由于不同年龄的幼儿知识经验准备以及动作技能发展的不同,在进行相似活动时所借助的活动材料也存在不同,比如在进行区域游戏活动时,不同年龄的幼儿往往选择适合自己水平的结构材料,大年龄幼儿更容易选择复杂的材料,小年龄的幼儿则选择简单的材料,因此,大跨度混龄活动可能会因幼儿选择的材料差距过大,难以发生真正有意义的互动学习。

第三节　混龄教育的意义和价值

一、理论意义和价值

(一)丰富幼儿园教育的专业内涵

时至今日,包括教育学科在内的各种学科的发展,都在不断为学前教育理论的发展注入新的内涵。不过,由于人文学科是一门价值学科,无论在实践领域还是理论研究领域,都不存在绝对正确的标准或依据,有的只是相对的价值判断。比如,学前教育发展至今,出现了行为主义学说、精神分析学说、人本主义学说、存在主义学说等各种理论范式下的学前教育理论,但无论哪一种都难以独立解释学前教育实践中所面临的各种问题,因此可以看到的是,目前各种学说开始走向融合。但是,对于普通的一线教育工作者、家长而言,各种理论的融合在某种意义上却增加了他们对学前教育实践专业性的迷惑,这既源于普通人更多的是关注教育理论的操作性和标准化程度,也源于人们无暇对教育实践背后隐含的理论取向做批判性思考。由此导致的是,不仅幼儿园教师轻视理论对实践的指导意义,对学前教育的专业性认识不足,而且一些家长也无视幼儿发展规律,总是基于自身日常生活经验,想方设法将世俗的、非专业的教育理念强加给幼儿园乃至教师。对此,最好的解决办法就是,基于对一种教育理念的实践与探讨,促进各种教育理论的融合,并形成一整套完整、系统、规范的教育模式,从可操作性、科学性、专业性、标准化等多个层面帮助教师和家长认识学前教育的专业性。因此,我们对幼儿园混龄教育进行探索与实施的意义即在于此。

(二)丰富了教师专业化的相关理论

教师专业化是当前教师教育领域的研究热点,包括教师职业的专业化和教师的专业成长,前者多关注教师的专业培养和准入,后者多关注入职后教师的成长过程与影响因素。由于我国幼儿园教师队伍素质问题已经成为制约我国学前教育事业发展的重要因素,幼儿园教师的专业化问题近些年得到社会各界的广泛关注。需要指出的是,无论是从哪个层面谈论教师的专业化问题,必须基于各种教育实践活动,从探讨教师专业行为的角度探讨教师的专业化内涵,而对混龄教育的实施与探讨则为分析幼儿园教师的专业化问题提供了途径和平台。

幼儿园教师的专业素养和教育组织能力是混龄教育有效开展的重要保障,而教师真正具备符合混龄教育开展所需要的专业素养则不是一朝一夕的事,往往贯穿于教师专业化的整个过程。针对混龄教育实际开展过程中对教师提出的一系列具体要求,结合教师专业成长的路径进行整体分析时会发现:一方面,幼儿园教师相关专业素养的形成过程符合整个教师专业发展阶段的划分,有效实施混龄教育要经历一个从新手教师到熟手教师再到专家型教师的过程,因此就混龄教育实践开展的具体要求来探讨幼儿园教师素养的形成与发展,实际上是印证并丰富已有教师专业理论,而且结合学前教育本身的特殊性,探讨幼儿园教师专业成长中的共性问题和特殊问题,有助于人们更深刻地理解幼儿园教师的专业成长过程;另一方面,从教师专业素养形成的内在机制上讲,教师教育能力的发展与提升,是教师对职前所学到的各种专业知识和学科知识不断内化的结果,换句话说就是通过不断的理论与实践相结合,最终形成了专属的实践性知识的过程。有关教师实践性知识的探讨很多,但对于教师如何将实践中的各种零散的感性经验转化为实践性知识的过程,目前仍然缺乏全面了解。因此,基于混龄教育的实施与探索,分析幼儿园教师在具体教育活动组织、规划、指导的过程中的专业思考过程,有助于丰富我们对教师实践性知识形成机制的理解。

二、实践意义和价值

(一)对于提升幼儿园教师专业素质,缓解幼儿园师资紧缺的现状具有重要意义

大力推进学前教育的普及和发展是当前我国学前教育发展的主要目标,而目前主要的制约因素就是教师队伍专业化程度不高及师资短缺。混龄教育最初是为了应对师资等教育资源短缺而出现的,目前对混龄教育展开的专业探讨,只是突出了其对传统教育模式的革新以及促进幼儿社会化的重要意义。虽然混龄教育的开展对教师专业素质要求较高,但其一定程度上也降低了对教师数量上的要求,关键是要将混龄教育开展的具体方式、内容、指导策略、评价体系等操作化和程序化,方便教师的学习和运用。

第一,混龄教育使教师要同时考虑不同年龄幼儿的发展需要,以往单一的教育方式和指导策略将难以应对多元教育目标的挑战,这会迫使教师更加自觉地去主动贯彻因材施教的理念,主动了解不同年龄阶段幼儿的身心发展特

点,积极地对不同年龄幼儿的发展状况进行对比、分析,由此基于混龄教育的探索,教师在规划、组织并实施相关教育计划的过程中,对幼儿学习与成长的一般规律有了更深刻的认识,促进了其相关教育实践经验的积累。

第二,混龄教育对教师在环境创设以及活动材料运用方面的能力提出了更高的要求。如何针对不同年龄的幼儿创设丰富的环境、投放适宜的材料,并将相应的活动目标内化在环境创设中,促进环境与幼儿、幼儿同伴之间的持续良性互动,以实现隐含的教育目标,是开展混龄教育的主要目的。这往往需要教师在环境创设和材料提供的层次性、操作指导的适宜性等方面做好充分规划,引导幼儿凭借环境和材料自主学习、合作交流。因此,探索、实施混龄教育能帮助教师自觉提升自身在环境创设和活动指导等方面的能力。

(二)能有效促进幼儿的社会性发展、个性品格的完善以及满足发展滞后幼儿的现实需要

混龄教育的开展最初被当作缓解教育资源紧缺和保障幼儿受教育权的一种妥协,但时至今日,混龄教育对幼儿成长的重要意义和价值早已被社会所认可。因此在幼儿园探索和实施混龄教育,有助于从多个方面促进幼儿的发展。

第一,混龄教育为幼儿提供了更多的社会交往机会,有助于促进幼儿社会性的发展。当前我国学龄前儿童多为独生子女,由于在家庭环境中缺乏与同龄人交往的机会,加上家庭环境对幼儿社会性发展方面的教育是一种"失真"的教育,由于缺乏真实的交往情境,幼儿的社会性发展十分有限。在混龄教育活动中,不同年龄的幼儿一同学习与生活,一方面年幼幼儿不仅为年长幼儿提供了关怀、领导的机会,逐渐使年长幼儿形成了团体责任感,增强了他们维护团体规则和秩序的意识;另一方面,年长幼儿会帮助年幼幼儿强化相关社会规则,帮助年幼幼儿解决同伴冲突,同时还为年幼幼儿提供了帮助他人、分工合作的榜样,为年幼幼儿形成帮助、宽容、耐心的品质打下了基础。

第二,混龄教育活动有助于年幼幼儿认知方面的发展,特别是为发展滞后的幼儿提供了很好的学习参考和榜样。对于幼儿而言,经历认知冲突是认知发展的重要条件。在混龄教育活动中,不同年龄、不同经验、不同发展水平的幼儿通过不断互动,面对相同的问题往往会采取不同的解决策略。面对不同的认知冲突,对于年幼幼儿而言,年长幼儿通过榜样示范来展示了更高的问题解决技能,从而为年幼幼儿解决问题提供了新思路、新线索、新策略。对于年长幼儿而言,在为年幼幼儿示范、讲解的过程中,他们也巩固了自己对相关知识的认识和理解,使自己已有的知识结构更加系统和明晰。

第四节　混龄教育的基本原则与方法

一、基本原则

(一)理论联系实际的原则

混龄教育在理论基础上具有多元性,其中包括建构主义理论和社会学习理论等。这些理论不仅揭示了混龄教育对幼儿发展的重要性,还阐释了其作用机制。然而,混龄教育在实践层面仍面临一些挑战。尽管其理论研究正在不断深化,但与同龄教育相比,其在系统化、操作化和规范化方面仍有待提高。这主要是由于混龄教育的目标和内容相对复杂,同时相关的理论支持尚未形成完整的体系。

为了完善混龄教育,首要任务是为各个教育环节寻找有力的理论支撑,并逐步构建一套完整的理论体系。这需要我们在实践过程中,将理论与实践紧密结合。具体而言,就是要深入理解各种教育理论的本质,同时遵循科学研究的基本原则,将这些理论应用到实际中,通过不断的实证来检验其适用性和解释力。此外,我们还需要对混龄教育实践中遇到的问题、经验及已有成果进行系统总结,以期为混龄教育的各个环节提供理论支持。

(二)循序渐进的原则

在混龄教育实践中,由于不同年龄段幼儿的身心发展特点与规律存在差异,这直接影响了混龄教育的目标设定、评价标准及教学策略。因此,我们应深入考虑幼儿的发展特点与规律,确保活动的设计与实施遵循循序渐进的原则。

具体来说,我们需要关注混龄教育活动的连续性和递进性。根据国内外混龄教育的经验,活动的组织形式主要从两个维度进行考量:年龄跨度的组合方式和混合后的分组方式。前者涉及按特定年龄跨度进行组合以实施混龄教育,如大跨度和小跨度年龄组合。后者则是指在确定年龄跨度组合后,根据活动内容和主题进行相应的组合。

选择何种年龄跨度组合至关重要,因为幼儿的发展具有年龄阶段性特征。一般来说,小跨度年龄组合更易于组织和实施,而当幼儿逐渐适应这类组合后,可以考虑大跨度年龄组合。这既考虑了幼儿发展的阶段性,又兼顾了其连续性。此外,按照年龄跨度组合后,幼儿可以根据自身兴趣和能力自由组合,这样教师可以针对不同主题确定相应的指导策略,确保师生互动和同伴互动的效果。混龄教育活动的规划与设计应充分考虑幼儿发展的连续性和阶段性特点。在选择分组形式时,我们必须确保活动能够推动幼儿发展的深入进行。

(三) 因地制宜的原则

混龄教育活动的课程内容是整个教育活动的核心,其选择依据多种多样,并不存在统一的课程内容大纲。基于幼儿身心发展的特点和要求,混龄教育活动的课程内容主要依据主题、学科领域或幼儿发展能力进行选择。根据《纲要》和《指南》的相关要求,我国幼儿园教育分为艺术、科学、健康、语言以及社会等五大领域,这些领域为混龄教育课程内容的选择提供了重要的参考依据。在确定混龄教育课程内容选择的基本框架后,必须考虑课程内容的因地制宜问题,以确保课程内容与当地文化和教育资源相契合,为幼儿提供更为丰富和有意义的学习体验。

(四) 真实可行的原则

在学前教育领域,环境创设和材料投放是实现渗透教育的重要手段,同样也适用于混龄教育活动。通过精心布置的教育环境和提供的学习材料,幼儿可以在自由互动和游戏中主动探索和学习,从而潜移默化地获得各种学习经验。因此,如何使环境创设和材料投放更符合幼儿发展的需求,是混龄教育探索中的一项重要任务。确保环境创设和材料选择的真实性与可行性是关键所在。游戏作为幼儿园教育的主要形式,旨在模拟现实生活情境。因此,环境创设和材料投放的主要目标是支持幼儿进行各种游戏活动,与幼儿的日常生活经验紧密相连,以便幼儿与环境和材料进行持久、深入的互动。此外,为了节约和高效的目的,幼儿游戏材料应优先选择废旧物品等易加工、易获取的物品。在准备和使用材料时,应注重可操作性和易用性,避免选择与幼儿日常生活联系不密切的物品。

二、方法

(一) 观察法

观察法是一种科学研究方法,通过感官或借助一定的仪器设备,有目的、有计划地考察和描述客观对象的活动或行为表现,以收集研究资料。在学前教育领域,由于学龄前儿童的表达能力有限,且对外界环境敏感,观察法成为分析幼儿行为表现的主要方法。根据不同的标准,观察法有多种分类。例如,根据是否借助仪器设备,可分为直接观察法和间接观察法;根据是否对观察对象进行人为控制,可分为自然观察法和实验观察法;根据是否直接参与观察对象的活动,可分为参与观察法和非参与观察法。在教育研究过程中,为真实地观察幼儿的自然表现,研究者通常采用对幼儿影响较小的观察方式,如自然观察法。考虑到教育活动的完整性、连续性和混龄教育活动的复杂性,对混龄教育的实施过程和效果进行持续观察时,应根据不同环节的特点和需求采用多种观察方法。可灵活运用各种仪器设备和观察工具,及时、准确地记录幼儿成长的相关信息。

(二)案例分析法

案例分析法是一种深入研究和分析某一事件发生、发展与变化过程的方法。它与观察法的主要区别在于,观察法主要关注事件的实时观察和记录,不要求对事件进行详细的描述,因此所获得的信息往往是片段式的。相对而言,案例分析法则要求对事件的整个历程进行详细的描述和分析。一个案例可以视为对实际情境的完整呈现和再现其中可能包含了研究者和记录者的思考、疑问,甚至答案。案例分析法的核心目标是在还原事件真相的基础上,挖掘其中的问题和答案,并对整个事件进行深入的解释。

在混龄教育活动的探索中,案例分析法具有不可替代的价值。混龄教育活动的开展过程中,由于涉及不同年龄段的幼儿,其互动、合作和游戏过程中难免会出现各种突发状况或事件。这些事件中,有些直接关系到活动的成效和关键问题的解决。因此,利用案例分析法对这些事件进行详细描述和分析,有助于深入了解教师的指导策略、幼儿的成长需求以及解决问题的有效途径。

(三)访谈法

访谈法是研究者通过与研究对象进行口头交谈的方式,以收集关于研究对象心理活动和行为表现资料的一种方法。在学前教育研究中,由于学龄前儿童的表达能力尚未完全发展,访谈对象通常集中于与幼儿关系密切的家长和教师等。通过与这些重要对象进行访谈,研究者能够获取关于幼儿成长的重要信息,并了解教师或家长在面对幼儿发展特定问题时的态度、观点及所采用的教育策略。

在混龄教育探索中,由于不同年龄段幼儿的表达能力存在显著差异,访谈法主要针对教师和家长进行。对于教师的访谈,内容主要围绕混龄教育活动实施过程中的困难、问题以及他们所采取的教育策略。对家长的访谈则侧重于了解家长对混龄教育活动的认识和态度。通过访谈教师和家长,可以全面了解混龄教育有效实施的关键条件。访谈法的运用为保障混龄教育的顺利实施提供了重要的参考依据。

为了确保访谈法的有效性和可靠性,须注意以下几点:第一,确保访谈对象的选择具有代表性,能够反映不同年龄段幼儿的特点和需求。第二,设计结构化或半结构化的访谈提纲,以确保访谈内容的全面性和系统性。在访谈过程中,应遵循中立、客观的原则,避免对被访谈者产生诱导或偏见。第三,对访谈内容进行整理和分析时,应采用恰当的定性或定量分析方法,以确保数据的准确性和可靠性。通过这些措施的实施,访谈法将在混龄教育研究中发挥更加重要的作用。

（四）作品分析法

作品分析法是一种通过对研究对象所创作的各类作品,如笔记、作业、日记、文章等进行深入分析,以了解其发展状况、发现和界定问题,并揭示其发展特点和规律的研究方法。在学前教育领域,作品分析法的应用相当广泛,尤其在过去的某个时期,"档案袋法"这一特定形式受到了热捧。作品分析法的核心在于系统地收集能反映幼儿成长历程的各类素材,这些素材主要以幼儿自主创作的图画、手工艺品等形式呈现。

结合心理学关于个体思维、想象力、逻辑推理能力等发展的一般特点和规律,对这些素材进行深入分析,有助于研究者更为全面和客观地了解幼儿的身心发展状况。相较于观察法、访谈法等其他研究方法,作品分析法所获取的幼儿发展信息更为丰富和全面,因此受到了研究者和教育工作者的广泛欢迎。

然而,作品分析法对研究者的专业知识储备和研究分析能力要求较高,并不适合普通教育工作者进行专业分析。在混龄教育探索活动中,作品分析法作为观察法、访谈法、案例分析法的重要补充,能够弥补这些研究方法在获取幼儿成长信息方面的不足。由于混龄教育活动的复杂性和多样性,活动过程中必然会生成大量的幼儿作品和学习成果。对这些素材进行全面的收集、系统的分类与分析,不仅有助于研究者深刻理解混龄教育活动中幼儿的真实发展水平,还有助于评估活动的实际效果。作品分析法在混龄教育研究中具有不可替代的价值,为研究者提供了更为客观和全面的幼儿发展信息。然而,其应用需要结合研究者的专业知识和分析能力,以确保研究的准确性和有效性。

第二章　混龄教育的实施

第一节　混龄教育实施理念

一、混龄教育实施的一般原则

(一)主体性与发展性原则

教育活动的规律与幼儿发展规律是相辅相成的,只有充分尊重幼儿的成长规律,教育活动才能真正实现其服务于幼儿发展的目标。在幼儿成长过程中,参与的主动性是至关重要的,教育应当避免被动地灌输和改造,而应注重激发幼儿自我发展的主动性。尊重幼儿在实现自我发展中的主体地位,使他们在自主、自信的基础上主动发展。

混龄教育活动涉及不同年龄段的幼儿,这就要求教育者以发展的眼光看待每一个幼儿。教学活动不仅要满足不同年龄、发展水平的幼儿需求,还要具有一定的挑战性,以最大程度地开发幼儿的学习潜力。确保每个幼儿都能在其最近发展区内得到最大化的发展,进一步促进和深化不同年龄幼儿之间的互动。通过优化异龄互动的质量,促进幼儿在体能、认知和社会性等方面的全面发展。最终,我们的目标是实现幼儿的健康、和谐与个性化成长,使其成为一个综合发展、有素质的人。

(二)全面性与差异性原则

自古以来,公平一直是人类社会所追求的普遍价值。在现代社会,教育公平的核心理念在于为每个幼儿提供平等的教育机会,满足其教育需求,并确保他们获得充分的发展。在混龄教育背景下,由于幼儿身心发展存在显著差异,教育公平的实现需要着重考虑如何更好地满足不同幼儿的发展需求。

为了体现教育公平的理念,混龄教育的全面性至少包含两个方面。第一,教育要面向全体幼儿,关注每个幼儿的全面发展需求,同时关注幼儿之间的年龄差异和发展水平差异,以充分满足不同幼儿的发展需求。第二,教育要促进幼儿的全面发展,尊重幼儿身心发展的总体规律,综合考虑不同幼儿的身心发展需要和优势领域,确保幼儿在身心方面得到全面发展。

此外,混龄教育的差异性也表现在两个方面。一方面,混龄教育要充分利用异龄幼儿之间的发展不平衡和差异性,促进幼儿之间的自主"教与学",并根据个体差异进行有针对性的层次性教学。另一方面,教育要关注同一年龄段或同一幼儿在不同成长阶段中身心发展不同方面的速率和水平差异。要充分考虑幼儿在不同时期的关键发展期,抓住发展时机,最大限度地促进幼儿的成长。混龄教育的全面性和差异性是实现教育公平的重要方面。通过充分满足不同幼儿的发展需求和促进幼儿的全面发展,混龄教育能够更好地实现教育公平的目标,为每个幼儿的成长和发展提供平等的机会。

（三）兴趣性与整合性原则

在学前教育中,幼儿的学习动机常常与他们的兴趣密切相关。正如《纲要》所强调的,幼儿园教育的重要目标之一是激发幼儿的学习兴趣和提供良好的学习体验。对于混龄教育活动而言,引发和维持幼儿的学习兴趣显得尤为重要。

混龄教育活动的兴趣性在课程与教学内容的选择上要求活动内容与幼儿的日常生活紧密相连,能够唤起他们的生活经验和情感体验。这意味着提供给幼儿的材料和内容应在他们已有的知识和经验范围内,并经过精心组织和设计,旨在引发幼儿的好奇心和探索欲望。此外,在教学策略和方法方面,教师需要根据幼儿认识和理解事物的方式,采用形象具体的教学方式呈现问题及活动内容。通过引导幼儿亲自展开探索,并鼓励不同年龄段的幼儿合作解决问题,可以激发他们对学习的积极性和主动性。

混龄教育活动的整合性强调整个课程与活动内容的设置应针对不同年龄段幼儿的身心发展特点。这意味着需要对课程内容进行统筹安排,充分考虑不同领域之间的内在联系,并对课程内容、形式与手段进行科学、合理、有效的整合。通过这种方式,可以激发每个幼儿的学习兴趣,引导他们形成健全的品格和积极的情感态度。混龄教育活动的实施应注重引发和维持幼儿的学习兴趣,通过精心设计的课程与教学内容以及有效的教学策略和方法来实现这一目标。同时,整合性的实施方式可以确保课程内容之间的内在联系,促进幼儿的全面发展。

二、混龄教育实施的主要模式

（一）整体分析

当前,我国幼儿园课程尚未形成统一的纲领性文件,其课程与教育目标主要依据《纲要》《指南》等政策文件中的幼儿发展目标和幼儿园教育目标。园本课程在实践中占据主导地位。因此,在实施混龄教育时,幼儿园需要对构成混龄教育课程的各个要素进行深入分析。

对于园外因素,主要包括社会对幼儿园教育的总体需求、社会主流的教育价值观、家长的教育期望以及国家教育主管部门的教育要求等。这些因素共同构成了混龄教育园本课程建设的外部环境。

园内因素则包括幼儿自身的发展需求与规律、幼儿园的师资条件和物质条件、幼儿园的管理制度和氛围、园所文化等。这些因素直接影响到混龄教育园本课程的建设和实施。

在诸多因素中,最为关键的是社会对幼儿园教育的总体需求、幼儿的发展需求与规律以及幼儿园自身的实际条件。社会对幼儿园教育的总体需求决定了混龄教育的基本目标框架,而幼儿的发展需求与规律则直接影响到混龄教育的具体内容、实施策略与方法的选择。此外,幼儿园自身的实际条件,如师资、设施等,对于确定混龄教育活动的具体形式、内容及效果具有决定性作用。在实施混龄教育时,幼儿园需要全面考虑内外部因素,特别是社会需求、幼儿发展规律和园所条件等核心要素。这些要素的综合考量有助于构建科学、合理的混龄教育课程体系,为幼儿的全面发展提供有力支持。

(二)组织实施

教育者需要分析所选取的课程内容,以确定最适合的组织形式。这可能涉及主题式活动或自由探索式活动等不同形式的选择。主题式活动通常围绕一个特定的主题展开,通过一系列相关的活动来促进幼儿对该主题的理解和认知。自由探索式活动则给予幼儿更多的自主权,鼓励他们通过自主探索、发现和操作来获取知识。

教育者需要考虑采取何种教育途径来实现教学目标。这可能包括主要通过环境渗透教育的方式,为幼儿提供丰富多样的学习环境,让他们在日常生活中自然地接触和学习相关知识。此外,开展正式的教育活动也是重要的途径,通过精心设计的活动来引导幼儿积极参与,促进他们的认知、情感和动作技能等方面的发展。

教育者需要确定正式的教育形式。这可能包括集体教育、小组教育和个别活动等形式的选择。集体教育是面向全体幼儿的教育形式,有助于统一管理和传授知识。小组教育则将幼儿分成若干小组进行有针对性的指导,关注不同小组的个性化需求。个别活动则针对每个幼儿的特点和需求进行个性化指导,充分满足他们的个性化发展需求。

教育者需要认真安排课程的实施时间和阶段。这需要考虑课程的整体结构,确保时间安排合理,既不过于紧凑也不过于松散。同时,还要根据不同教育内容的特点和幼儿的认知发展规律来合理安排课程实施的时间和阶段,以确保教育的连续性和有效性。

(三)评价改进

课程评价是评估幼儿学习状况和课程实施效果的重要环节。为了确保评价的客观性和公正性,课程标准和相应的评价指标需要规范化。由于教育活动的复杂性,课程评价难以实现绝对的标准化。在课程评价过程中,我们需要关注课程实施的价值取向,这导致了评价方式的多元化。

第一,课程评价的取向应多元化。传统的评价方式往往过于关注幼儿对知识技能的掌握,而现今的评价取向更加注重幼儿的全面发展。这意味着评价不应仅局限于幼儿的知识技能,而应更加关注其情感、态度、价值观等多方面的发展。

第二,评价情境应趋于自然化。在真实的幼儿互动环境中进行课程评价,能够更准确地反映幼儿的实际学习状况。评价不应局限于传统的测试和考察,而应渗透于幼儿的一日生活中,观察他们在各种活动和情境中的表现。

第三,评价方法应多样化。根据实际情况和需要,教育者应灵活选择和运用各种评价方法,如诊断性评价、形成性评价和终结性评价等。这样可以更全面地了解幼儿的学习状况,为进一步的教学决策提供依据。

第四,评价手段应客观化。为了保证评价的公正性,我们应采用多种客观的评价手段,如现场笔录、录音、录像、拍照、幼儿档案袋和家园联系册等。这些工具可以记录幼儿的学习过程和表现,为后续的评价提供客观依据。

第五,评价主体应多元化。管理者、教师、幼儿和家长都应参与教育评价,形成一个共同参与、相互支持和合作的过程。通过多方的参与和交流,可以更全面地了解幼儿的学习状况,为进一步的教育改进提供方向。

在混龄教育活动中,由于同一类活动需要涵盖多个年龄段幼儿的发展目标和课程实施目标,评价目标也应体现出层级性。针对不同年龄段幼儿的不同层级目标,评价方式的选择也应灵活调整。例如,在"会变的颜色"混龄活动中,对于中班幼儿,活动目标主要是培养他们与同伴交流实验过程和结果的能力,感受色彩变化的美;而对于小班幼儿,目标则是激发他们对颜色的兴趣,鼓励他们动手操作。针对这些不同的目标,评价的具体方法也会有所不同。对于中班幼儿,可以采用录音和观察记录的方式,深入了解他们对颜色的认知和理解;对于小班幼儿,则可以采用录像和拍照的方式,分析他们是否积极参与活动。

三、实施混龄教育中要关注的主要问题

从混龄教育活动实施的一般模式来看,其同传统的同龄教育在课程实施框架上类似,但是在具体的课程内容、教育策略、教育评价等方面则存在较大差异。混龄教育因为幼儿群体构成的不同,幼儿之间和师幼之间的相互影响是整个活动有效开展的关键。这就要求教师在组织混龄教育的过程中,对混龄教育中幼儿的学习、教师的指导以及管理要有着整体性认识。

（一）混龄教育中的学习应该是什么样的?

在混龄教育环境中,学习行为呈现出多维度的特点,不仅涉及幼儿的学习,还包括教师的发展。相较于传统的同龄教育活动,教师在混龄教育中对幼儿学习的理解应更为深入。

无论是由幼儿自发还是教师发起的活动,关键在于让幼儿充分体验彼此之间的不同经验。混龄教育强调不同年龄段幼儿在各自的最近发展区内通过合作探究、观察、模仿和学习来获得成长。幼儿已有的知识经验是学习的主要支撑。因此,教师在组织和指导混龄教育活动时,应重点关注如何激发幼儿已有的知识经验,确保不同幼儿的生活经验在活动中得到充分展现和利用。教师应引导幼儿与同伴交流各自的学习体验,进行描述、思考和初步评价。由于学龄前儿童的记忆力和思维力正处于发展阶段,学习主要以无意识为主,但有意学习正在发展。因此,教师需要引导幼儿有意识地概括、总结相关事物或活动,以培养其学习品质,并促进幼儿的自主发展。在实施混龄教育过程中,教师要指导幼儿掌握与同伴讨论、描述和评价的方法,同时引导幼儿及时梳理和总结各种学习经验,以强化学习效果。教师需要帮助幼儿形成一定的学习和交往技巧。这包括如何分享、转换话题、倾听、协商和解决冲突等。在混龄教育环境中,幼儿之间的学习和交往行为多样化,主要集中在逐渐去除自我中心、思考和理解他人观点、围绕观点冲突进行协商以及寻找最佳解决办法等方面。因此,对幼儿进行分享、转换话题等学习和交往技巧的训练至关重要。

（二）混龄教育中的教学应该是什么样的?

在混龄教育活动的实施过程中,我们需要注意多个方面的问题。第一,针对不同层次和环节之间的衔接问题,我们必须精心策划,确保幼儿在活动中的积极参与,避免出现消极等待的情况。混龄教育活动应以幼儿为导向,在课程内容的组织以及环节设计上,需要充分考虑不同幼儿的发展需求。这就引出了一个重要问题:如何确保不同活动和环节之间的紧密衔接。为了解决这一

问题,我们需要从活动内容的组织到指导策略的选择上进行全方位的考虑。根据活动目标,我们需要提前做好相关环节的过渡准备,确保整个教育活动的流畅性和连贯性。在实践中,为了提高混龄活动的有效性,我们通常采用"生活混龄、教学分龄—间断性混龄"的课程实施形式。这种形式的主要目的是避免出现某些对不同年龄段的幼儿而言难度差异过大的内容,从而避免不适合混龄活动的尴尬情况。第二,混龄教育活动需要家长的积极参与和专业人士的支持。家长不仅在具体的教育活动中扮演重要角色,为幼儿提供丰富的经验,而且还可以参与课程编制。家园合作是幼儿园课程实施的重要方式之一,对于混龄教育活动的实施来说,家庭和社区等外部环境的支持同样不可或缺。由于混龄教育活动的层次性和复杂性,我们必须充分利用外部资源来开展活动。教师可以通过与家长和其他社会人士的合作,借助他们在育儿经验和其他专业领域的知识优势,帮助幼儿园实施更加多元化的混龄教育活动。一方面,通过让家长等参与混龄教育活动,我们可以让家长更好地理解幼儿园的教育理念和要求,从而为幼儿园的教育活动提供更多的支持;另一方面,家长等外部资源本身就是宝贵的教育素材。教师需要提前进行搜集和分析,并在教育活动的特定环节为家长的参与预留位置,以此丰富教育活动的形式和内容。第三,在混龄教育活动中应长期使用"真实性评价"方法。通过档案袋记录等方式,我们可以对不同幼儿的学习经验、能力、素质等进行详细记录。此外,我们还应该鼓励和引导幼儿初步评价自己的学习活动以及他人的学习成果。幼儿园教育评价的主要目的是服务于教师改进教学和促进幼儿成长,因此更多地采用形成性评价而不是总结性评价。通过观察、记录以及幼儿成果的搜集与整理等多种方式,教师可以建立幼儿成长的档案袋,全面、客观地了解幼儿的成长情况。对于幼儿而言,教师有意识地培养他们评价自己和他人的学习行为和成果的策略,实际上是在帮助他们巩固学习经验、内化相关知识和体验、逐步去除自我中心的重要步骤。第四,在混龄教育开展过程中,教师需要注重行动研究和批判性反思。通过这些方法,教师可以促进自己的专业发展、提升自己的教育水平、改进自身的教学策略。

(三)混龄教育中的活动开展应注意的问题

混龄教育是近年来备受关注的一种教育模式,它打破了传统的同龄教育模式,将不同年龄的幼儿混合在一起进行教育。在混龄教育活动中,教师需要注意以下几个方面的问题,以确保活动的有效性和幼儿的全面发展。

(1)注重不同年龄段幼儿的差异性

混龄教育的一大特点就是将不同年龄的幼儿混合在一起,这意味着幼儿在发展水平、经验和能力等方面存在差异性。因此,教师在设计活动时需要充分考虑不同年龄段幼儿的差异性,根据他们的特点和发展水平来制定相应的活动目标、内容和指导策略。例如,针对年龄较小的幼儿,教师可以设计一些以游戏为主的探究活动,引导他们通过观察、模仿和探究来学习和掌握新知识;而对于年龄较大的幼儿,教师可以设计一些更具挑战性的活动,引导他们通过思考、分析和解决问题来提升自身的能力。

（2）混龄教育中的幼儿来自不同的年龄段,他们在经验和能力方面存在差异,这种差异可以为活动提供丰富的资源。因此,教师在设计活动时需要强调合作与互动,让幼儿在活动中相互学习、互相帮助、共同成长。例如,教师可以设计一些需要幼儿合作完成的任务,让他们在完成任务的过程中学会分工合作、沟通交流和解决矛盾;教师还可以通过组织互动游戏、小组讨论等形式,让幼儿在互动中互相学习、互相启发,共同提高自身的能力和素质。

（3）关注幼儿的情感发展

混龄教育中幼儿之间的年龄差异较大,他们可能会存在一定的心理压力和情感冲突。因此,教师在设计活动时需要关注幼儿的情感发展,营造一个温馨、和谐、支持性的教育环境。例如,教师可以设计一些情感教育活动,通过故事、音乐、绘画等形式引导幼儿表达自己的情感、理解和关心他人的情感;教师还可以通过观察幼儿之间的互动和交流,及时发现和解决他们的情感问题,促进幼儿的心理健康发展。

（4）重视家长的参与和支持

混龄教育需要家长的积极参与和支持,家长可以提供丰富的教育资源和经验,帮助幼儿更好地适应混龄教育环境。因此,教师在设计活动时需要重视家长的参与和支持。例如,教师可以邀请家长志愿者参与活动组织、提供场地和物资支持;教师还可以通过家长会等形式与家长进行沟通和交流,了解家长对混龄教育的看法和建议,共同促进幼儿的全面发展。

（5）注重活动的多样性和层次性

混龄教育中的幼儿来自不同的年龄段,他们在兴趣和能力方面存在差异。因此,教师在设计活动时需要注重活动的多样性和层次性,以满足不同幼儿的需求。例如,教师可以设计一些探究性、实践性、艺术性、文化性等多种类型的活动,让幼儿在不同领域得到全面的发展;教师还可以根据幼儿的发展水平设计不同难度的活动,让不同层次的幼儿都能够得到适当的挑战和提升。教师在混龄教育中设计活动时需要注重不同年龄段幼儿的差异性、强调合作与互动、关注幼儿的情感发展、重视家长的参与和支持以及注重活动的多样性和层次性。通过这些方面的考虑和实践,可以帮助幼儿更好地适应混龄教育环境,促进他们的全面发展。同时也有利于教师提升自身的专业素养和教育水平。

第二节 混龄教育类型

一、依据活动内容来划分

（一）混龄艺术活动

在幼儿的日常生活中，他们不可避免地接触到各种与美术、音乐等艺术相关的内容和经验。这些日常的艺术体验在潜移默化中塑造着幼儿的审美感知，激发他们对各类艺术活动的兴趣，进而引发丰富的想象力。美术和音乐等艺术活动，本质上是对幼儿想象力的解放与激发。对于幼儿园的艺术教育而言，其核心目标在于深度挖掘幼儿日常生活中的各种艺术体验，使他们能够自由地、无拘无束地运用各类材料和环境中的艺术元素，以自己的方式去表达和展现内心的所思、所感和所想。

幼儿园混龄艺术活动的实施，虽然在组织和形式上与同龄艺术活动有相似之处，但其内容和目的更加强调幼儿艺术经验的积累以及在此基础上的自由表达。由于艺术教育与个人经验和主观价值倾向紧密相连，它更多地表现为一种内隐的心理活动，这使得幼儿之间的交流与学习变得困难。因此，在选择活动素材、主题以及运用指导策略时，混龄艺术活动特别注重实际动手操作，让幼儿通过具体的艺术创作来表达和展现相应的艺术内容。艺术创作的核心内容成为活动的主体，这使得不同年龄的幼儿能在实际操作中相互模仿和学习，自主感受创作的乐趣，并体验艺术创作过程中各种美的元素的运用。

在混龄艺术活动中，教师需要特别关注不同年龄段幼儿的差异性，制定出与他们发展水平相适应的活动目标与内容。同时，教师还需要强调合作与互动，以充分利用不同年龄幼儿之间的差异作为丰富的教育资源。此外，情感发展也是混龄教育中不容忽视的一环，教师应努力营造一个温馨、和谐且充满支持的教育环境，以促进幼儿的情感健康成长。家长的支持与参与对混龄教育的成功实施至关重要。通过家长的参与，不仅可以为活动提供更多的教育资源，还能增强家园之间的合作关系，共同促进幼儿的全面发展。混龄艺术活动在幼儿园的实施需要教师在多个方面进行深入的思考与实践。通过精心设计活动内容和方法，充分挖掘和利用各类教育资源，以及密切与家长的合作关系，我们可以为幼儿提供一个更加丰富、多元且具有挑战性的学习环境，从而促进他们审美能力、想象力以及整体艺术素养的全面发展。

（二）混龄科学活动

幼儿天生对周围环境中未知的事物和现象怀有浓厚的探究兴趣。自出生之日起,他们便积极地运用各种感官去捕捉周围世界的信息,并尝试对这些信息进行分析与推理,逐步形成对客观世界的理解。鉴于此,当科学活动融入幼儿园课程时,其初始目标仅仅是引导幼儿通过培育植物、饲养动物等活动或听成人讲述自然界现象,从而积累关于各种科学现象的经验和感受。直至20世纪二三十年代以后,幼儿园才开始实施真正具有近代意义的科学教育活动。与先前只关注科学经验的积累不同,这一时期的幼儿科学教育开始重视幼儿对科学概念、方法与规律的深入理解。

当前,幼儿园科学教育活动的组织主要基于建构主义理论。这一理论强调幼儿基于日常生活中积累的简单科学常识,通过参与正规且结构化的科学教育活动,进一步获得系统的科学概念与知识。从学习过程的角度来看,幼儿科学概念的习得是一个动态的过程,涉及概念的建立、调整与重建。在这一过程中,幼儿不断地修正已有的科学概念,逐渐形成相对完整、系统的科学经验。因此,幼儿园科学教育活动与幼儿科学经验的形成在流程上是相辅相成的。激发幼儿的好奇心、联系其日常科学经验以及强调自由探索构成了幼儿园科学教育活动的主要内容。

在组织形式与流程上,幼儿园混龄科学活动与同龄科学教育活动具有相似之处。但考虑到不同年龄幼儿在关注点、观察与探究方式以及逻辑推理能力等方面的差异,混龄科学活动的组织需要更加细致地考虑和调整。例如,针对年龄较大的幼儿,教师可以设计更具挑战性的探究任务,引导他们运用逻辑思维和推理能力解决问题;而对于年龄较小的幼儿,则更侧重于通过观察、模仿和实践来培养他们的科学兴趣和基础概念。幼儿园混龄科学活动的实施需要充分考虑幼儿的年龄差异及其对科学探究的不同需求。教师在设计活动时需要精心安排内容和方法,确保每个幼儿都能在活动中得到充分的发展和提升。同时,教师还需要密切关注幼儿的发展动态,灵活调整教学策略,以促进幼儿科学素养的全面发展。

（三）混龄语言活动

语言是幼儿生活中不可或缺的元素,他们自出生起便沉浸于丰富的语言环境中,不断地与他人进行言语交流。这种日常的交流活动为幼儿提供了听、说、读、写等语言技能的发展机会。因此,在幼儿园的语言教育活动中,我们应充分利用这一优势,引导幼儿积极参与语言交流,培养他们的语言运用能力。

关于幼儿如何获得语言以及如何进行语言教育,存在多种理论观点。这些理论的主要分歧在于影响幼儿发展的决定因素。传统的环境决定论和遗传决定论分别强调外部环境和内部环境对个体发展的决定性作用。然而,随着研究的深入,内外因交互作用论逐渐成为主导观点,认为幼儿的发展是内外因共同作用的结果。

近年来,儿童语言习得的相关理论与儿童发展理论的趋势保持一致。越来越多的研究开始强调外部环境和内部环境的交互作用在儿童语言习得中的关键作用。例如,建构主义者皮亚杰认为,语言是人与环境交互作用的产物。这些理论为幼儿园语言教育活动提供了重要的启示,尤其是在语言活动的目的和语言教育的方式方面。

根据幼儿园语言发展的特点和规律,语言活动旨在引导幼儿通过认真倾听他人说话,从感受语言、理解语言,到乐于主动与别人交流,并最终能自主运用语言。在组织和指导语言活动时,我们强调以丰富的语言材料为依托,采用多种方式向幼儿展示语言的要素,引导幼儿尝试去表达和运用。这意味着在幼儿园语言教育活动中,既重视为幼儿提供足够的语言刺激,又鼓励幼儿主动理解、模仿和运用语言。

在混龄语言活动的组织和实施层面,相应的活动目标和教育形式需要严格遵循幼儿语言发展的一般规律。考虑到不同年龄幼儿语言能力发展具有一定的连续性和阶段性,以及模仿和主动运用在语言习得中的重要性,混龄教育活动的开展需要注意以下几点:第一,在活动目标定位上,要充分考虑幼儿语言能力发展的特点。对于年龄较小的幼儿,重点在于培养他们的故事理解能力;而对于年龄较大的幼儿,则更注重培养他们对内容的讨论和分析能力。第二,在活动指导上,对于年龄较小的幼儿,教师应引导他们关注内容的重点和核心部分,帮助他们形成完整的认识;而对于年龄较大的幼儿,则要激发他们分析、归纳、创编相关内容的能力,提升其语言运用能力。混龄语言活动在组织和实施过程中需要充分考虑不同年龄段幼儿的语言发展特点及需求。

(四)混龄社会活动

幼儿园社会领域的教育致力于促进幼儿对自身社会角色的理解,以及他们与社会的互动关系。其目标是帮助幼儿形成正确的自我认知,培养健康的社会情感和态度,同时让他们了解社会行为规范和人与人之间的差异。此教育不仅要求幼儿掌握基本的社会知识和人际交往技能,还要形成正确的自我价值观。在选择社会教育内容时,我们不追求让幼儿掌握完整的知识体系,而是注重让他们感受和理解周围的社会环境与现象。例如,通过历史活动,幼儿可以了解过去、现在和未来的事件,反思自己的成长;地理活动则帮助他们理解自然环境,培养保护环境和节约资源的意识。

混龄社会活动在实施过程中,需要遵循幼儿园社会教育的基本原则。由于它更强调幼儿的人际交往技能和关系的建立,因此在活动设计上需要具有开放性和包容性,以激发不同年龄幼儿间的互动。为了确保活动的有效性,以下几个方面值得关注:

第一,活动目标应根据幼儿年龄特点制定。小年龄幼儿由于生活经验和判断能力有限,重点应放在培养他们对社会事件的感知和积极的情感体验上;大年龄幼儿已有一定生活经验和学科知识,因此应引导他们深入了解单一社会现象背后的意义,扩展知识面。

第二,活动内容需要具有整合性。幼儿的社会学习不仅是学习客观知识,更是理解人与社会、人与人的关系。内容选择和组织应与幼儿的日常生活经验相联系,同时考虑不同年龄幼儿的经验差异。此外,由于社会领域涉及多个学科,内容应调动幼儿的多种感官参与,促进不同年龄段的幼儿以不同方式参与,加强与其他领域的融合。

第三,教师与不同年龄幼儿的互动方式也需要多样化。利用肢体动作、语言交流、表情模仿等与幼儿互动,并鼓励幼儿同伴间的多种方式互动,都有助于增强社会领域教育的效果。这是因为社会领域活动本身就包含了丰富的情感体验和互动交往内容,多样化的互动有助于幼儿全面体验社会活动的意义和价值。混龄社会活动在实施过程中需要充分考虑不同年龄段幼儿的特点和需求。

二、依据幼儿园一日生活的环节来划分

混龄活动作为一种教育组织形式,结合不同的教育目标和内容能发挥不同的教育功能。幼儿园一日生活中的不同环节,为实现各类教育目标常需要组织包含不同内容的教育活动,这些教育活动均可以采用混龄的教育形式。

(一)混龄教育活动

1. 混龄教育活动的目标、内容和策略

混龄教育活动与常规的幼儿园教育活动在许多方面存在相似之处,如活动目标、内容和指导策略。其主要目标均聚焦于促进幼儿生理健康、认知能力、社会技能等多方面的发展。然而,混龄教育活动的独特之处在于其目标、内容和指导策略的设计与实施需兼顾不同年龄段幼儿的发展需求,呈现出层级性的特点。

在目标设定上,混龄教育活动不仅关注幼儿的整体发展,而且强调根据幼儿年龄差异和发展水平制定具体、有针对性的目标。例如,针对较小年龄的幼儿,活动目标可能更侧重于基本技能和概念的掌握,而对于较大年龄的幼儿,则可能更注重高级思维和问题解决能力的培养。

在内容组织方面,混龄教育活动要求将不同年龄段幼儿的发展需求和学习特点融入其中。这意味着活动内容应具有足够的灵活性和适应性,以满足不同年龄幼儿的兴趣和能力。同时,内容的难度和复杂性应根据幼儿的年龄和发展水平进行适当调整,以确保所有幼儿都能在活动中获得挑战和成长。

指导策略方面,混龄教育活动同样采用讲授、演示、实验、游戏等多种方法。但不同的是,这些方法在实施过程中需要充分考虑不同年龄段幼儿的认知特点和学习方式。例如,针对较小年龄的幼儿,教师可能采用更为直观、生动的演示方式,而对于较大年龄的幼儿,则可能更注重引导其进行独立思考和探究。混龄教育活动在目标设定、内容组织和指导策略上与一般性幼儿园教育活动存在差异。其独特之处在于强调根据不同年龄段幼儿的发展需求和学习特点进行有针对性的设计和实施,以促进每个幼儿全面而富有个性的发展。

2. 混龄教育活动的对象安排

混龄教育活动对于幼儿的知识经验和认知思维发展水平具有一定的要求。为了更好地促进不同年龄段幼儿在各自最近发展区内取得显著进步,混龄教育活动的组织应根据幼儿的年龄特点和能力发展水平进行灵活调整。因此,深入了解和分析幼儿的实际智力与能力发展水平至关重要,进而采取适当的分组策略。

从目前的混龄教学班实践情况来看,某些特定内容,尤其是学科性较强的内容如数学等,对幼儿的智力等要求较高。而且,幼儿在这些领域的发展存在明显的阶段性特征和质的差异。为了有效实施混龄教育活动并确保不同发展水平的幼儿都能得到全面发展,活动中的年龄跨度应控制在合理的范围内。一般而言,年龄跨度不宜过大,以 1 岁左右为宜。这样可以确保大年龄幼儿不会觉得内容过于简单而缺乏挑战性,同时也能确保小年龄幼儿不会觉得内容过于复杂而难以理解和掌握。为了确保混龄教育活动的有效性和适宜性,教育者需要充分考虑幼儿的年龄特点和能力发展水平,并进行细致的分组。同时,对于学科性较强的内容,应根据幼儿的智力发展水平和个体差异进行适当的调整和差异化教学,以促进每个幼儿在最近发展区内得到充分的发展。

3. 混龄教育活动的内容组织

混龄教育活动在内容上需要遵循一系列一般性要求。第一,这些活动应遵循幼儿园教育活动内容的组织原则,确保内容的选取具有特色性、因地制宜,并充分利用当地的社会与自然资源。此外,内容应具有可行性,方便教师获取和幼儿操作、探究。在考虑幼儿学习规律的基础上,内容呈现应从易到难、循序渐进,并具有整体性和层次性,以适应不同年龄段幼儿的身心发展特点。同时,活动组织应激发幼儿的学习兴趣,并选择幼儿熟悉的人或事作为活动内容。然而,混龄教育活动在内容选取和组织方面还需要特别注意以下几点:第一,活动内容本身应具备开放性,提供丰富的信息,以便不同年龄段的幼儿都能从相同的学习材料中获得相应的学习经验和体会。例如,在以"认识钟表"为主题的活动中,活动素材可以包括各种钟表实物或图片,以便不同经验的幼儿都能利用已有经验参与学习活动。第二,活动内容的组织与呈现应考虑不同幼儿学习的主要方式,以充分调动不同年龄幼儿的各种感官参与。以"保护牙齿"这一主题为例,内容可以包括有趣的故事、生动的视频动画以及相应的主题游戏活动。这种多元化的呈现方式能激发幼儿的积极参与,并确保不同年龄段的幼儿都能从活动中获得相关经验。混龄教育活动在内容上需要遵循一系列原则,确保内容的开放性和多样性,同时考虑不同年龄段幼儿的学习方式和感官参与。通过精心组织和呈现活动内容,教育者可以有效地促进不同年龄段幼儿在各自最近发展区内取得最大程度的成长。

4. 混龄教育活动的实施方式

混龄教育活动与一般性的幼儿园教育活动在整体教育内容的选择和组织上具有一致性,并且在具体实施方面也具有相当的相通性。这些活动可以采用目前幼儿园中常用的综合性课程模式进行组织和实施。

综合性课程强调将各种课程因素进行综合化处理,以便在实践中实现学科领域的综合、发展方面的综合、通过专题的综合以及幼儿园环境的综合等多种方式。不过,最常见的是通过主题的综合来进行课程组织。

然而,无论采用何种综合方式,课程设计应避免过度结构化,避免按照严密的学科逻辑和知识框架体系来组织相关内容。同时,需要避免采用教师指导要求环环相扣、以结果为评价标准的评价体系。因为这种做法可能导致教育活动实施过度标准化,并降低幼儿主动参与的程度。因此,理想的综合性课程应以幼儿为中心,以活动过程为评价依据,并打破学科界限,与幼儿日常生活经验紧密结合。这也是当前幼儿园主题教育受到欢迎的主要原因。

这里以综合性课程中的主题性教育活动为例,分析幼儿园混龄教育活动的开展情况。混龄主题教育可以根据不同年龄幼儿的发展差异,在具体活动和要求方面进行差异化设计,并采取不同的组织方式。例如,可以采用相同科目、相同内容但要求不同;相同科目、不同内容、不同要求;或相同内容、不同科目、不同要求等方式进行组织和实施。在主题活动设计过程中,可以以幼儿熟悉的社会事件或现象为切入点,确定一个开放性的活动主题,然后围绕不同年龄段幼儿提出不同的要求。混龄教育活动在实施过程中应注重综合性课程的运用,根据不同年龄段幼儿的发展差异进行差异化设计和组织。通过合理的主题选择和要求设置,促进幼儿全面发展并提高其社会适应能力。

(二)混龄生活活动

生活教育是幼儿园日常教育的一个非常重要的环节,混龄生活活动即在遵循幼儿园日常生活教育的一般组织形式和理念的基础上,结合混龄教育开展的特殊要求,将各种教育元素融合于幼儿一日生活的各个方面,帮助幼儿养成良好的生活卫生习惯,促进幼儿身心健康发展,增强幼儿的生活自理能力。

1. 混龄生活活动的目标

混龄生活活动作为幼儿园教育中的重要组成部分,其目标在于促进幼儿生活技能和自理能力的发展,培养良好的卫生习惯和安全意识,同时提高幼儿的社交能力和情感智商。在混龄生活活动中,针对不同年龄段的幼儿,活动目标需要进行差异化设计,以满足不同年龄段幼儿的发展需求。对于小年龄段的幼儿,混龄生活活动的目标主要集中在培养基础的生活技能和卫生习惯上。幼儿需要了解基本的卫生保健常识,如如何保持个人卫生、如何预防常见疾病等。同时,他们也需要学习一些基本的安全规则,如不接触危险物品、不在无人陪伴的情况下离开教室等。在生活习惯方面,小年龄段幼儿需要培养按时作息、独立进食、自主如厕等基本生活技能。此外,他们还应学会尊重公共卫生,不随意丢弃垃圾,保持环境整洁。

对于大年龄段的幼儿,混龄生活活动的目标则更加注重增强生活技能和安全意识的层次。幼儿需要了解更多关于保护视力和牙齿的知识,学会正确的刷牙和阅读姿势,以及如何在不同天气条件下合理增减衣物。同时,他们也需要学习更多的安全规则和自救方法,如交通安全、火灾逃生等。在生活习惯方面,大年龄段幼儿需要进一步提高自主性和独立性,如自行整理床铺、独立完成洗手和洗脸等日常任务。此外,他们还应学会更好地与同龄人和成人进行沟通和协作,以适应更为复杂的社交环境。

在混龄生活活动中,活动目标的制定既要考虑不同年龄段幼儿的身心发展特点,也要注重目标的内在衔接和连续性。通过差异化的活动要求和层次化的活动内容设计,确保不同年龄段的幼儿都能在活动中获得相应的提高和发展。混龄生活活动强调在同龄幼儿之间形成良好的互动和学习氛围,让不同年龄段的幼儿都能在活动中相互借鉴、共同进步。通过针对性的活动目标和层次化的活动内容设计,混龄生活活动有助于培养幼儿的生活自理能力、卫生习惯和安全意识,促进幼儿的全面发展和提高社会适应能力。

2. 混龄生活活动的内容及组织、实施

混龄生活活动作为幼儿园教育的重要组成部分,其内容主要涉及幼儿在园一日生活的各个环节,包括来园、离园、吃饭、睡觉、盥洗等。这些环节与同龄生活活动相似,但在实施混龄生活活动时,教师需要关注不同年龄段幼儿的发展需要,确保每个幼儿都能在活动中得到适宜的指导和成长。

第一,教师在指导混龄生活活动时,应注重分层性,根据不同年龄段幼儿的身心发展特点,实施针对性的指导。这要求教师对不同年龄段幼儿的总体发展特点有全面的了解,以便预测幼儿的发展需要。在此基础上,教师应对幼儿进行仔细观察,分析不同年龄段幼儿的成长特点和需求。在此基础上,教师可根据幼儿的实际发展水平进行灵活编组,提供针对性的指导。对于小年龄幼儿,教师需要注重示范、讲解和操作,帮助幼儿掌握基本的生活自理能力;对于大年龄幼儿,则应在巩固前期自理能力的基础上,侧重于提高其对卫生保健的认识和良好生活习惯的养成,采用言语表扬、批评等方式进行引导。

第二,教师在组织混龄生活活动时,应充分发挥异龄同伴交往的作用。同伴之间的观察模仿、榜样示范是幼儿学习的主要方式。在混龄教育活动中,教师可利用日常生活的各个环节所包含的教育元素,特别是涉及社会性交往、行为规范等方面的教育元素,引导幼儿通过观察学习来理解这些内容、习得各种社会规则与能力。为了激发幼儿之间的互动学习,教师可以采取以下几种方式:一是"大带小"式互动,即让年长幼儿一对一帮助年幼幼儿进行活动。这种方式可以利用大年龄幼儿的已有经验,通过示范和帮助来引导小年龄幼儿习得必要的活动规则和能力;二是互动空间设计,即根据幼儿园的实际情况,在座位安排、生活区布置、游戏场景设计等方面进行规划,增加异龄幼儿之间的互动机会;三是灵活组合幼儿一日生活的各个环节。教师可以根据不同生活环节对幼儿的要求和活动的特点,合理安排活动方式,确保幼儿的活动能够动静交替、室内室外相结合,为幼儿成长提供适宜的支持。

教师在组织与实施混龄生活活动时,应充分考虑不同年龄段幼儿的发展需要和身心特点,注重分层指导和发挥异龄同伴交往的作用。通过合理规划活动内容和方式,为幼儿提供丰富的生活经验和适宜的指导,促进幼儿的全面发展和提高社会适应能力。

(三)混龄游戏活动

在幼儿园教育中,游戏是不可或缺的一部分。它不仅为幼儿提供了欢乐和娱乐,更重要的是,游戏能够促进幼儿的身心发展,培养他们的社交技能、创造力、想象力和解决问题的能力。对于混龄活动而言,游戏更是一种极佳的教育方式,因为它能够有效地促进不同年龄幼儿之间的互动和交流。

第一,游戏具有很强的开放性。在游戏中,幼儿可以自由发挥,尝试不同的角色和情境,从而培养他们的想象力和创造力。这种开放性为混龄活动的开展提供了很大的便利。由于不同年龄的幼儿有不同的兴趣和需求,游戏可以作为一种媒介,让他们在共同的游戏中相互交流、学习和成长。

第二,游戏具有趣味性。幼儿天生好奇、好动,对于有趣的事物充满了探索欲望。游戏往往设计得生动有趣,能够吸引幼儿的注意力,激发他们的参与热情。在混龄活动中,游戏可以作为一种有效的手段,激发不同年龄的幼儿共同参与,形成一种积极的互动氛围。

第三,游戏具有很强的参与性。在游戏中,幼儿可以与同伴一起合作、互动,共同完成任务或目标。这种参与性为混龄活动中的幼儿提供了更多的机会去交流、沟通和合作。通过游戏,不同年龄的幼儿可以相互学习、互相帮助,形成一种良性的互动关系。

然而,在开展混龄游戏活动时,还需要充分考虑不同年龄幼儿的特点和需求。由于年龄差异,幼儿在身心发展、认知水平和社会交往能力等方面都存在明显的差异。因此,教师在设计混龄游戏活动时,应根据不同年龄段的特点和需求来制定相应的游戏内容和规则。

对于低幼年龄的幼儿,他们更多进行的是平行游戏,即幼儿之间进行相似的游戏活动,但彼此之间没有太多的交流和互动。因此,针对低幼年龄的幼儿,教师可以设计一些简单的、操作性强、趣味性浓的游戏,如搭积木、拼图等。这些游戏可以帮助低幼年龄的幼儿建立基础的游戏规则和合作意识。

对于稍大一些的幼儿,他们已经具备了一定的社会交往能力,可以进行更多的互动和合作。因此,针对这些年龄较大的幼儿,教师可以设计一些需要更多合作和互动的游戏,如角色扮演、团队协作等。这些游戏可以帮助年龄较大的幼儿培养更多的社交技能和领导能力。

三、依据年龄跨度来划分

(一) 大跨度混龄

在混龄教育活动中,大跨度混龄特指年龄跨度超过 1 岁的异龄幼儿之间的组合,具体包括小班与大班的混龄或托班与大班的混龄。由于年龄差异加大,不同年龄幼儿的身心发展水平呈现出较大的差异性。因此,大跨度混龄活动在内容选择和目标设定上有着更为严格的要求,同时需要教师采取更具针对性的指导策略。

第一,大跨度混龄活动的目标设定不仅因活动内容而异,而且在层次性上更加明显。由于幼儿年龄跨度较大,即使是相同的活动内容,具体目标也会存在显著差异。例如,在体育活动中,小年龄幼儿的主要目标是培养参与兴趣和良好的活动体验,而大年龄幼儿则更注重掌握活动要领和技巧,能够熟练完成相关动作。总体而言,活动的总目标旨在让小年龄幼儿通过观察学习,模仿一些基础动作,并乐于表达和表现,为后续专门针对小年龄幼儿的体育活动奠定基础。

第二,大跨度混龄活动内容的选择和组织主要依据不同年龄段幼儿的已有知识经验、学习特点。在技能性活动中,如体育活动和操作活动等,大年龄幼儿通常能更好地发挥榜样示范作用,为小年龄幼儿提供更多观察学习的机会。然而,对于一些科学探索类活动,虽然易于观察和模仿,但不易引起幼儿间的互动学习,更多是幼儿的自主探究与操作。因此,选择和组织大跨度混龄活动内容时,需要考虑幼儿学习活动的外显或内隐特性以及是否易于同伴间直接观察模仿,同时要考虑能否引发幼儿间的互动与合作。

第三,大跨度混龄教育活动内容主要涉及易于引发幼儿外显学习行为的内容。结合混龄活动教育功能发挥的基本机理,大跨度混龄活动主要围绕强化幼儿间的互动与观察学习展开,并引导大年龄幼儿更多地展现自身学习过程。在具体活动指导过程中,第一,须注意活动材料选取的适宜性。对于结构化程度不同的活动材料,幼儿采取的学习行为各异。例如,低结构材料(如积木)会导致小班幼儿更关注材料本身的属性探索,以简单、直接地操作为主;而大班幼儿对材料属性的了解已较为深入,操作更具创造性。因此,依托低结构材料组织的大跨度混龄活动不利于幼儿的观察与互动学习。第二,须注意指导方式对幼儿的影响。在混龄活动中,大年龄幼儿通常是小年龄幼儿的榜样。教师通常会通过语言强化大年龄幼儿以"大带小"的方式帮助小年龄幼儿成长。

(二)小跨度混龄

小跨度混龄教育,通常指的是年龄跨度在1岁左右的异龄幼儿之间的教育活动。这种混龄形式在当前的教育实践中占据了相当大的比重,成为最常见的混龄教育模式。由于年龄差异相对较小,幼儿之间的身心发展水平呈现出一定的连续性和重叠性,为教育活动的实施提供了便利。

在确定小跨度混龄教育活动的目标时,教师需要充分考虑幼儿身心发展的连续性。这意味着,尽管涉及不同年龄段的幼儿,但他们的整体发展水平仍具有较大的相似性。因此,活动目标的设定应体现出这一连续性的特点,并针对特定年龄段幼儿发展的特殊需求进行微调。此外,为了确保目标的实际可操作性,它们应具有一定的弹性,处于幼儿的最近发展区内,为他们的成长提供适当的挑战。

在组织教育活动内容时,小跨度混龄的独特性得以凸显。由于年龄接近的幼儿在个人经验、思维特征和理解能力等方面表现出的相似性,他们更有可能有效地进行沟通和对话。因此,反映幼儿身心发展连续性的活动内容成为小跨度混龄教育活动的核心素材。然而,对于某些对生理发展要求较高或特定能力发展水平存在明显年龄特征的活动内容,如某些体育类活动,其组织可能会面临挑战。不加设计地将其转化为混龄教育活动可能会引发过难或过易的问题,从而影响活动效果。

在实施小跨度混龄教育活动的过程中,如果内容经过精心设计,教师的掌控难度相对较低。然而,教师仍需发挥其主导作用,通过适当的指导和支持,促进异龄幼儿之间的互动学习。这要求教师灵活利用活动材料和环境布置来引导幼儿进行深入互动,鼓励他们通过合作学习解决问题、实现成长。需要注意的是,教师在预设活动材料的难度时,应主要基于幼儿的实际行为发展水平,而非特定年龄段幼儿的普遍特征。同时,考虑到不同年龄幼儿的操作水平存在差异,低结构材料在小跨度混龄教育活动中可能更适合促进不同年龄幼儿间的互动和学习。小跨度混龄教育活动的成功实施需要教师在目标设定、内容组织和实施过程中进行细致的规划与调整。通过充分考虑幼儿身心发展的连续性和阶段性特点,以及不同年龄段幼儿之间的互动需求,教师能够为幼儿创造一个有益的学习环境,促进其全面发展。

四、依据个体数量来划分

混龄教育活动的具体内容往往决定着活动的具体人数和组织形式,因此当按照活动的个体数量来对混龄教育活动进行分类时,实际上前提是已经考虑了不同的活动内容对活动人数的要求,从而进一步也对活动的目标、组织形式、指导策略提出了相关的要求。

(一)混龄集体活动

混龄集体活动,顾名思义,指的是针对包含不同年龄段幼儿的班级群体所开展的教育活动。这一概念与传统的幼儿园集体教育活动相似,但其核心特征在于群体中的幼儿存在一定的年龄差异。因此,混龄集体活动在活动目标、内容的确定和组织形式上与常规的集体教育活动存在明显的区别。

第一,从目标层面来看,混龄集体活动的目标设定具有明显的层次性。这种层次性不仅反映了不同年龄段幼儿身心发展的阶段性特征,还充分考虑了同一年龄段幼儿之间可能存在的身心发展差异。为了确保目标的针对性和有效性,它们不仅应具有一定的层次性,还需要具备适当的弹性。此外,教师还需要关注不同层次目标之间的衔接与延伸,以确保活动的连贯性和系统性。

第二,在内容的选择上,混龄集体活动更为宽松和多样化。关键在于确保所选内容能够充分满足不同年龄段幼儿的个性化需求,并与他们已有的经验紧密相连,从而激发他们的学习兴趣。为了实现这一目标,教师需要对不同年龄段幼儿的身心发展特点进行深入研究,并在此基础上进行内容的选择与组织。

第三,在具体的活动组织与实施过程中,教师可借鉴适用于一般集体教育活动的策略与方法,如讲授、演示和实验等。然而,值得注意的是,小跨度混龄与大跨度混龄在实施方法的选择上存在一定的差异。对于小跨度混龄,其方法选择相对自由;而对于大跨度混龄,教师则需要充分考虑不同年龄段幼儿的主要学习方式与特点,以确保给予他们有针对性的指导和支持。混龄集体活动的成功实施需要教师在目标设定、内容选择和活动组织与实施方面进行细致的规划与调整。通过深入了解不同年龄段幼儿的身心发展特点,教师能够为幼儿创造一个更加丰富和适宜的学习环境,促进其全面发展。

(二) 混龄分组活动

混龄分组活动是指根据幼儿的身心发展实际水平和个人兴趣,将不同年龄的幼儿进行相应分组的活动形式。这种分组方式旨在满足幼儿在发展过程中的连续性和阶段性需求,并结合他们的学习兴趣进行混合。与传统的按绝对年龄标准分组的方式相比,混龄分组活动更注重幼儿的实际心理发展水平,以促进活动的有效组织和实施。

第一,混龄分组活动的内容选择主要基于幼儿当前的兴趣和实际发展水平。相较于依据绝对生理年龄的分组,按照幼儿实际的心理发展水平进行分组能更好地促进活动的组织和实施。这是因为幼儿的实际心理发展水平为活动内容的筛选和活动的顺利进行提供了基础。心理发展水平相近的幼儿在接受和理解学习内容方面表现出更高的适应性,有助于他们获得相应的能力和经验。此外,与幼儿心理发展水平相匹配的活动内容更容易激发他们与已有经验的联系,进而激发参与活动的兴趣和积极性。

第二,混龄分组活动的指导策略也呈现出同质性特征。这主要是因为幼儿在身心发展水平上的相似性,使得他们对外部信息的认知和理解表现出一定的共性。教师只需要采用相近的方法,便能满足不同年龄段幼儿的需求,使其理解和接受相应的指导策略。此外,由于混龄分组活动内容与幼儿身心发展水平的紧密关联,内容的弹性、开放性和内在逻辑性都较强。这为教师提前预设相应的指导策略提供了便利。混龄分组活动在内容选择和指导策略上均体现出同质性的特点。这种分组方式不仅关注幼儿的身心发展实际水平,还充分考虑他们的学习兴趣,为教师提供了更具针对性的指导策略,有助于促进不同年龄段幼儿的共同发展和成长。

第三节　混龄教育活动的实施

一、混龄教育活动计划的类别

混龄教育活动计划,在幼儿园教育体系中,虽在结构框架上与常规的教育活动计划保持一致性,但在其核心要素——教育目标、内容选择及实施策略上,却展现出独特的差异性。这种计划不仅为教师提供了开展混龄教育活动的明确指导,而且确保了教育工作的有序进行和幼儿教育目标的顺利实现。

在幼儿园混龄教育模式的框架下,活动计划可以按照不同的标准进行分类。从计划的指导范围来看,它可以被划分为全园性混龄教育计划和班级混龄教育计划,前者着眼于整个幼儿园的教育规划,后者则更侧重于特定班级的教育需求。若以时间长短为划分依据,则可分为学年、学期、月、周乃至课时的混龄教育计划,这种分类体现了计划的时间递进性和层次性。此外,根据计划的具体内容,还可以将其细分为以主题或学科为主线的计划,如混龄社会教育、混龄艺术教育、混龄数学教育及混龄科学教育等计划,这些分类凸显了混龄教育在内容上的多样性和针对性。

值得注意的是,这些不同类别的混龄教育计划并非孤立存在,而是相互交织、互为补充。与此同时,与主流的同龄分班教育模式相比,混龄教育模式在当前幼儿园教育体系中仍属于辅助性质。因此,在制订混龄教育计划时,往往需要将其作为对传统教育模式的一种重要补充,旨在通过混龄互动促进幼儿更全面的发展。这种补充性的定位也决定了混龄教育计划在制订和实施过程中需要更加注重与同龄教育的协调与融合。

(一)全园学期混龄教育计划

全园学期混龄教育计划是一个系统性的教育规划,旨在为整个幼儿园的混龄教育提供指导和支持。在制订全园学期混龄教育计划时,首先需要明确目标。例如,目标可以包括提高幼儿的社交技能、培养合作意识、促进语言和认知发展等。在确立目标的基础上,需要制定具体的活动内容。这些内容应该与目标相呼应,同时考虑到幼儿的兴趣和需求。例如,可以安排不同年龄段幼儿共同参与的手工制作、绘画、户外探险等活动,以促进他们的交流与合作。其次,还可以设计一些主题活动,如"动物世界""环保行动"等,以激发幼儿的好奇心和探究欲望。在活动内容的实施过程中,教师需要采用适当的组织策略。最后,在计划的实施过程中,还需要建立有效的评价机制。

(二)全园一日生活混龄教育计划

全园一日生活混龄教育计划是一个全面的教育规划,旨在将混龄教育理念融入幼儿园一日生活的各个环节,为幼儿提供持续的学习和发展机会。这种计划的目标是促进不同年龄段幼儿之间的互动与合作,培养他们的社交技能、独立性和创造性。

在制订全园一日生活混龄教育计划时,第一需要明确一日生活中各个环节的教育目标。例如,在早餐环节,目标可以是培养幼儿的饮食习惯和自理能力;在户外活动环节,目标可以是促进幼儿的体能发展和团队协作能力。在确定目标的基础上,需要制定具体的活动内容。这些内容应该与目标相呼应,同时考虑到幼儿的兴趣和需求。例如,在自由活动时间,可以设置一些开放性的游戏和活动区域,让幼儿自由选择和参与;在午餐时间,可以组织幼儿进行自我服务和分享食物,培养他们的独立性和社交技能。

(三)班级学期混龄教育计划

班级学期混龄教育计划是针对班级内部实施的混龄教育方案,旨在促进班级内不同年龄段幼儿之间的互动与合作,提供更为个性化和深入的学习机会。这种计划的目标不仅关注幼儿的认知发展,更重视他们的情感交流、社会技能和个体成长。

在制订班级学期混龄教育计划时,教师第一需要对班级幼儿的年龄分布、发展水平、兴趣爱好等进行全面了解。这有助于教师更好地制定适应不同年龄段幼儿的教育目标。例如,对于小班幼儿,教育目标可以侧重于培养他们的基本生活技能和社交习惯;对于大班幼儿,则可以注重培养他们的自主学习、合作探究和创新思维等能力。

在明确教育目标的基础上,教师需要选择合适的教育内容。这些内容应该与目标相呼应,同时考虑到幼儿的实际需求和兴趣。例如,教师可以根据幼儿的年龄差异、组织不同难度的手工制作、绘画、音乐等活动,让幼儿在活动中感受到挑战和乐趣。此外,教师还可以设计一些主题活动,如"动物世界""环保行动"等,让幼儿在探究过程中提高认知能力。在实施教育内容的过程中,教师需要采用适当的组织策略。要加强与家长的沟通与合作,共同促进幼儿的发展。

(四)班级月混龄教育计划

该计划旨在促进幼儿之间的交流与合作,提供更多个性化学习的机会。在制订班级月混龄教育计划时,教师第一需要明确该月的主题或教育重点。例如,教师可以根据季节、节日或幼儿的兴趣确定主题,如"春天来了""快乐的儿童节"等。这有助于确保教育活动的一致性和连贯性。

根据主题,教师需要制定具体的活动内容。例如,在"春天来了"的主题下,教师可以组织不同年龄段的幼儿参与种植活动、观察春天的动物和植物、制作春天的手工制品等。这些活动既能够满足幼儿的好奇心和探究欲望,又能促进他们之间的互动与合作。为了确保活动的有效实施,教师需要采用适当的组织策略。同时,教师还需要为活动提供必要的资源支持。这些资源包括教育材料、场地、设施以及教师的专业培训等。例如,教师可以准备各种与春天相关的图书、图片和教具等,为幼儿提供丰富的视觉和触觉刺激;在计划的实施过程中,教师还需要建立有效的评价机制。

(五)班级每周及日混龄教育计划

该计划的目标是促进幼儿之间的日常交流与合作,提供更为细致和贴心的学习指导。在制订班级每周及日混龄教育计划时,教师需要明确每周的教育重点和每日的活动安排。这些内容应该与该阶段的教育目标相一致,同时考虑到不同年龄段幼儿的发展需求和兴趣。例如,教师可以根据主题或项目的要求,安排不同年龄段的幼儿参与相关的活动,如手工制作、绘画、户外探险等。通过这些活动,幼儿可以在教师的指导下进行互动与合作,共同完成任务或项目。为了确保每周及日混龄教育计划的顺利实施,教师需要采用适当的组织策略。

同时,教师还需要为活动提供必要的资源支持。这些资源包括教育材料、场地、设施以及教师的专业培训等。

(六)单项混龄教育计划

单项混龄教育计划是一种专门针对某一特定活动或课程的混龄教育规

划。这种计划的目标是通过特定的活动或课程,促进不同年龄段幼儿之间的交流与合作,提高他们的学习兴趣和能力。在制订单项混龄教育计划时,教师第一需要确定该活动的主题或课程目标。这应该与幼儿的兴趣和发展需求相符合,同时考虑到不同年龄段幼儿的特点。例如,教师可以设计一个以"动物世界"为主题的活动,通过观察、模仿动物的行为和特征,促进幼儿的语言表达、身体协调和社交技能的发展。

根据主题或课程目标,教师需要制定具体的活动内容和方法。例如,在"动物世界"的活动中,教师可以安排不同年龄段的幼儿参与动物角色的扮演、动物声音的模仿、动物舞蹈的创作等。这些活动既能够激发幼儿的学习兴趣,又能促进他们之间的互动与合作。

二、混龄教育活动的组织与实施

(一)混龄教育活动实施的原则

1. 主动性原则

在混龄教育活动的实施过程中,主动性原则主要涉及两个方面。第一,教师需要主动地关注幼儿的发展需求。这不仅包括对幼儿发展水平的预先分析,而且在活动过程中也要时刻观察不同年龄段幼儿之间的互动情况和需求,从而给予及时的指导和支持。此外,我们还应激发幼儿的主动性,鼓励他们主动地与同伴交往、学习和探索,从而培养其独立思考和自我驱动的学习态度。

2. 直观性原则

在混龄教育活动中,教师应注重使用生动、形象的方法和教具,如图片、视频和模型等,以调动幼儿的各种感官参与活动。这样可以使幼儿在获得丰富感性经验的同时,更积极地回应教师的指导和其他同伴的需求。直观的教学方式有助于幼儿更好地理解和吸收知识,提高他们的学习兴趣和效果。

3. 因材施教原则

由于混龄教育活动中涉及不同年龄段的幼儿,他们之间的发展差异更为显著。相比于传统的同龄分班教育,教师需要更加关注不同年龄段幼儿的发展差异,并据此制定个性化的教育方案。这意味着教师不仅需要了解不同年龄段幼儿的发展特点,还需要充分认识到同龄幼儿之间存在的个别差异,从而进行有针对性的指导。通过因材施教,我们可以确保每个幼儿都能在混龄教育活动中得到适合自己的教育和成长机会。

4. 巩固性原则

在混龄教育活动中,知识的巩固和体验的强化是提升活动效果的重要环节。无论针对哪个年龄段的幼儿,教师在活动结束后都应帮助他们巩固已获得的知识和经验。除了传统的讲评方式外,教师还可以采用更生动、灵活的方式,如游戏、音乐和舞蹈等,以幼儿易于接受的形式来巩固相关经验。通过不断的巩固和强化,可以帮助幼儿更好地吸收和记忆知识,提高他们的学习效果和体验满意度。

(二)混龄教育活动的准备

在混龄教育活动的准备环节中,物质准备和心理准备是两个核心要素。物质准备涉及根据教育计划和实际情况,通过多种方式获取必要的教具、材料和场地等资源。这包括自制的课件、搜集的材料、所需的硬件设备以及合适的活动场地。心理准备则强调对幼儿身心发展特点的关注,以及与同龄分班教育活动的协调。在混龄教育活动开展之前,需要与相关教师进行详细的商讨和协调,确保活动的顺利组织和实施。同时,结合混龄班级幼儿的特殊性,制定相应的活动预案,以应对可能出现的问题和挑战。通过充分的物质准备和心理准备,可以确保混龄教育活动的有效性和适宜性,促进幼儿全面发展。

(三)混龄教育活动的指导

1. 在混龄教育活动的引入与实施过程中,教师的指导方式需要直接与间接相结合

当前,幼儿园教育愈发强调幼儿的探究式学习,因此引导幼儿主动发现问题和解决问题变得至关重要。在混龄教育活动中,尽管受教育群体具有不同的年龄段,但学龄前儿童的学习方式仍具有一定的共性。在活动初始阶段,教师通常采用直接指导的方式来快速吸引幼儿的注意力,激发他们的学习动机和兴趣。

教师会利用各种直观、形象的图片、实物模型等教具,结合自己的讲解,来调动幼儿的学习积极性。随着活动的深入开展,教师更多地采用间接指导的方式,利用幼儿现实生活中感兴趣的玩具、事物或现象等元素,引导他们自主探索和发现。需要注意的是,教师在引导幼儿进行发现式学习时,需要根据幼儿的学习特点和需求,对引导目标和行为进行差异化处理。

以"我来听一听"的科学探索活动为例,在"听辨声音"环节中,针对小班幼儿,教师需要引导他们感受有限的几种不同物体(如硬币、米和黄豆等)发出的声音,并鼓励幼儿大胆描述自己所听到的声音。对于中班幼儿,教师则需要鼓励他们自由探索更多物体(如棉花、碎布条、回形针等)发出的声音,并要求他们进行归纳和总结。这种差异化指导方式有助于满足不同年龄段幼儿的学习需求,促进他们在探究过程中发挥主观能动性,从而提升混龄教育活动的整体效果。

2. 活动中要鼓励幼儿自主学习

在活动开展过程中,教师的控制程度根据活动内容的差异而有所不同。在那些主要依赖教师示范和演示、幼儿模仿的活动类型中,教师的控制程度相对较高,例如,体育类活动。相反,在那些强调幼儿同伴合作和自主探究的活动类型中,幼儿自主性的发挥更为突出,例如,表演类活动和科学探索类活动。总体而言,引导幼儿进行自主学习是实现混龄活动教育价值的关键途径。自主学习过程中,幼儿与同伴之间的互动自然而然地发生。因此,混龄教育活动需要教师在创设良好的学习与探究环境方面发挥积极作用。这包括提供能够激发幼儿学习兴趣并与他们现有经验相联系的各种材料,鼓励幼儿自由操作并加强彼此间的合作式探究和学习。此外,教师还需要密切观察不同年龄段幼儿的学习过程和状况,及时了解并指导他们在与同伴交往和观察学习中遇到的问题。教师的引导应促使不同年龄段的幼儿相互关注,鼓励他们自主选择、参与、探索和表达,从而获得积极的学习体验。

通过平衡教师控制与幼儿自主性,混龄教育活动能够充分促进不同年龄段幼儿的全面发展。这种平衡不仅有助于激发幼儿的学习兴趣和动机,还为他们提供了在与同伴互动中自然成长的机会。

3. 活动具体组织形式应尽量多元化

在幼儿园教育活动中,集体活动、分组活动和个别活动是三种主要形式。然而,这三种形式并非相互排斥,而是可以相互融合的。在混龄教育活动中,由于不同年龄段的幼儿在学习和发展目标上存在差异,教师需要对活动的各个环节进行精心设计,以合理运用这三种形式。关键在于,要将同伴群体视为幼儿学习的重要资源。

在混龄教育活动中,小组活动形式应成为主导。基于幼儿的年龄和实际身心发展状况,教师需要对幼儿进行合理分组。在此过程中,教师需要转变角色,从传统的权威者转变为观察者和支持者,引导幼儿进行观念和经验的共享。由于不同年龄段幼儿精细动作发展水平存在差异,分组活动在临摹环节显得尤为重要。中班幼儿可以协助小班幼儿将自己的手指头临摹在纸上,随后小班幼儿自行给自己的小手涂上颜色。这种分组活动方式既考虑到了不同年龄段幼儿发展的差异性,又促进了他们之间的互动与合作。此外,教师还需要加强对幼儿的个别指导,尤其是关注那些社会交往能力发展较弱的幼儿。在混龄活动中,这些幼儿可能会面临被忽视的风险。为此,教师除了给予他们必要的个别帮劝和指导外,还应引导其他幼儿给予他们充分的关注和支持,借助群体力量促进每个幼儿的全面发展。混龄教育活动的成功实施需要教师在活动设计时充分考虑不同年龄段幼儿的发展需求和特点,灵活运用集体、分组和个别等多种活动形式,并注重发挥同伴群体在学习过程中的积极作用。通过这样的策略和方法,有助于实现每个幼儿全面发展的教育目标。

4. 争取家长对幼儿园混龄教育活动的支持

针对家长对幼儿园混龄教育活动的担忧和疑惑,教师在活动的设计与实施过程中,应当积极引导家长参与。这不仅有助于利用家长这一宝贵的教育资源,还能让家长亲身体验混龄教育活动对幼儿成长的积极意义和价值。

为了加强家长对混龄教育活动的了解与支持,教师可以通过多种形式邀请家长参与。例如,教师可以利用课堂展示、海报宣传和幼儿园开放日等机会,邀请家长观摩混龄教育活动,了解活动的组织形式、内容和成果。通过展示活动成果和专业解释,教师能够让家长更全面地理解混龄教育活动的价值和意义,从而获得家长持续的支持和理解。引导家长参与混龄教育活动、利用家长资源以及向家长展示活动成果是促进家长理解和支持的关键措施。这有助于消除家长的担忧和疑惑,增强他们对幼儿园教育工作的信任和支持。

第四节　混龄教育的指导策略

一、投放存在内在关联且多种层次的材料

在幼儿教育领域,材料的投放是教育过程中的一个重要环节。对于混龄教育活动而言,材料的投放更是需要精心设计和考虑。为了确保材料的内在关联性和层次性,教师需要深入理解教育目标和幼儿的发展阶段,以确保所投放的材料能够满足不同年龄段幼儿的需求,并促进他们的全面发展。

第一,确保材料的内在关联性是关键。内在关联性意味着所投放的材料之间应存在某种逻辑或主题上的联系,以便于幼儿理解和探索。例如,在"动物王国"主题活动中,教师可以投放各种与动物相关的材料,如各种动物玩具、动物卡片、动物图案的拼图等。这些材料都与动物主题紧密相关,能够激发幼儿对动物的兴趣和好奇心,引导他们进行深入的探索和学习。

同时,教师还需要考虑材料的层次性。层次性是指所投放的材料应具有一定的难度和深度差异,以满足不同发展水平的幼儿的需求。对于年龄较小的幼儿,教师可以投放一些简单、直观的材料,如动物卡片和拼图等。这些材料易于操作和理解,能够帮助幼儿建立初步的认识和技能。对于年龄稍大的

幼儿,教师可以增加一些更具挑战性的材料,如复杂的拼图、动物模型等。这些材料能够激发幼儿的思维能力和创造力,促进他们更高层次的发展。

此外,为了更好地实现材料的内在关联性和层次性,教师还需要关注材料的多样性和丰富性。多样性是指材料类型的多样化,包括玩具、图书、手工材料等。丰富性则是指材料数量的充足,以满足幼儿自由选择和探索的需求。通过提供多样化的材料,教师可以鼓励幼儿进行多种形式的探索和学习,促进他们的全面发展。而充足的材料数量则可以确保每个幼儿都有机会参与和体验,减少等待和争抢的情况发生。

二、设置开放与私密兼有的活动空间

在混龄教育活动中,为幼儿创造一个既开放又私密兼有的活动空间是至关重要的。这种空间设计旨在满足不同年龄段幼儿的需求,促进他们的社交、情感和认知发展。

第一,开放的活动空间是必不可少的。开放的空间不仅意味着场地是开放的,还意味着信息和资源的开放。这样的空间设计有助于促进不同年龄幼儿之间的交流与合作。开放的空间鼓励幼儿自由探索、尝试新事物和表达自己,从而培养他们的创造力和想象力。此外,开放的空间还能鼓励幼儿与同伴互动,发展他们的社交技巧和解决问题的能力。

然而,仅仅有开放的空间并不足以满足所有幼儿的需求。每个幼儿都有需要独处和安静的时候,因此私密的空间也是必不可少的。私密的空间为幼儿提供了一个可以放松、休息和充电的地方,有助于培养他们的情绪稳定性和自我调节能力。私密的空间还可以作为某些特定活动的场所,如阅读、绘画或手工制作等需要集中注意力的活动。在这些活动中,私密的空间可以减少干扰和噪音,使幼儿能够专注于任务,提高他们的专注力和创造力。

为了实现开放与私密兼有的活动空间,教师可以采取一些具体的措施。例如,教师可以设置一些半开放或可变动的区域,以便根据活动的需要调整空间的开放程度。这些区域可以是帐篷、软垫或围栏等,让幼儿感受到私密的同时又不完全封闭。此外,教师还可以通过合理安排活动时间和空间布局来实现空间的灵活使用。例如,在集体活动时可以将空间开放,以便幼儿自由移动和交流;在需要专注的个人活动时则可以设置私密空间,以满足幼儿的需要。

同时,教师还需要关注空间的安全性。在设置开放与私密兼有的活动空间时,教师需要确保空间布局合理、无安全隐患。对于可能产生碰撞或夹挤的区域,教师应设置明显的警示标志或采取适当的防护措施。此外,对于一些需要特别关照的幼儿,教师还需要提供额外的关注和保护,以确保他们的安全。

三、注意发挥大年龄幼儿的榜样示范作用

在混龄教育活动中,大年龄幼儿可以作为榜样,为小年龄幼儿提供示范和引导。这种榜样的力量可以帮助小年龄幼儿更好地适应活动、学习新技能和培养良好的行为习惯。因此,教师在设计和实施混龄教育活动时,应充分发挥大年龄幼儿的榜样示范作用。

第一,教师可以通过观察和评估,选择适合成为榜样的大年龄幼儿。这些幼儿应具备积极的态度、良好的行为习惯和一定的技能水平,能够为小年龄幼儿提供正面的影响。例如,教师可以选择一些善于合作、乐于助人和具有创造力的大年龄幼儿作为榜样。

在活动中,教师可以通过多种方式发挥大年龄幼儿的榜样示范作用。一种常见的方法是让大年龄幼儿与小年龄幼儿一起合作完成任务或项目。这样可以让小年龄幼儿观察、模仿大年龄幼儿的行为和技能,从而学习到新的知识和技能。例如,在搭建积木的活动中,教师可以安排大年龄幼儿与小年龄幼儿一起合作,共同完成一个建筑项目。大年龄幼儿可以提供指导和建议,展示良好的合作和创造力,从而激发小年龄幼儿的参与热情和学习动力。

此外,教师还可以通过组织分享会或展示活动,让大年龄幼儿展示自己的成果和经验。这样可以让小年龄幼儿看到成功的案例,激发他们的学习兴趣和自信心。例如,在绘画活动中,教师可以安排大年龄幼儿展示自己的作品,分享创作过程和心得体会。小年龄幼儿可以通过欣赏和聆听大年龄幼儿的分享,获得启发和灵感,提升自己的绘画技能和创造力。

为了更好地发挥大年龄幼儿的榜样示范作用,教师还需要给予一定的指导和支持。对于大年龄幼儿,教师需要引导他们意识到自己的榜样角色,并鼓励他们积极展示良好的行为和技能。同时,教师还需要为大年龄幼儿提供必要的指导和资源,帮助他们更好地发挥示范作用。

此外,教师还需要鼓励大年龄幼儿与小年龄幼儿进行互动和交流。通过互动和交流,大年龄幼儿可以更好地了解小年龄幼儿的需求和困惑,并提供有针对性的帮助和支持。这种互动和交流也有助于培养大年龄幼儿的责任感和同理心,促进他们的社会性发展。

四、对幼儿之间的偏见进行干预

在混龄教育活动中,教师需要及时干预和纠正幼儿之间的偏见,以避免消极互动的产生。由于混龄幼儿群体内部的差异较大,幼儿往往会对与自己不同的其他幼儿产生偏见,特别是大年龄幼儿对小年龄幼儿。这种偏见如不及

时纠正,可能会导致歧视和不公正对待,影响个别幼儿的身心发展,甚至引发家长对混龄教育的担忧。

为了应对这一问题,教师需要明确认识到幼儿之间的偏见主要源于对"不同"的好奇心,而非道德层面的歧视。在此基础上,教师可以通过树立榜样,展示对被"歧视"幼儿的尊重和喜爱,并强调他们的优点,以消除其他幼儿的好奇心和敌意。此外,教师还应强化大年龄幼儿对小年龄幼儿的责任感和关爱,通过表扬和认可等方式,激发大年龄幼儿的积极行为,促使他们主动关心和照顾小年龄幼儿。在混龄教育活动中,教师对幼儿之间的偏见进行干预和纠正是一项重要的任务。通过树立榜样、强化责任感和关爱等方式,教师可以有效促进幼儿之间的积极互动,培养他们的社会情感和认知能力,为他们的健康成长和发展奠定基础。

五、为幼儿树立移情的榜样

在混龄教育活动中,为幼儿树立移情的榜样是培养幼儿情感认知和社会交往能力的重要手段。移情是指个体能够理解和感受他人的情感,并做出相应的情感反应。通过为幼儿树立移情的榜样,教师可以引导幼儿学会关心他人、理解他人的情感,从而促进他们的情感发展和社交技能的提升。

第一,教师可以通过自身的行为示范,为幼儿树立移情的榜样。教师的言行举止对幼儿具有潜移默化的影响,因此,教师在与幼儿互动时应该展现出关爱、理解、尊重和公平的态度。例如,当某个幼儿遇到困难时,教师可以通过鼓励、安慰和帮助来表达对他人的关心与理解,从而引导幼儿学会在他人遇到困难时给予支持和帮助。

第二,教师可以利用文学作品和故事,为幼儿树立移情的榜样。通过阅读和讲述富有情感和教育意义的故事,教师可以引导幼儿关注他人的情感状态,理解角色的情感变化,从而激发他们的同理心和关爱之心。例如,教师可以讲述一些关于友谊、亲情和互助的故事,让幼儿感受到友情、亲情和互助的重要性,从而培养他们的移情能力。

此外,教师还可以通过组织角色扮演和情景模拟活动,为幼儿提供实践移情的机会。在这些活动中,教师可以设置一些模拟情境,让幼儿扮演不同的角色,体验不同角色的情感和处境。通过角色扮演和情景模拟,幼儿可以更好地理解他人的情感和需求,学会换位思考和关爱他人。同时,教师还应该鼓励幼儿之间的互动与合作,让他们在实践中培养移情能力。在混龄教育活动中,不同年龄段的幼儿相互接触和互动的机会较多。教师可以利用这一优势,鼓励大年龄幼儿关心和帮助小年龄幼儿,小年龄幼儿也可以通过观察和模仿大年龄幼儿的行为来培养移情能力。

为了更好地促进幼儿移情能力的发展,教师还需要给予一定的指导和支持。对于幼儿在移情实践中的表现,教师应该给予积极的反馈和引导,帮助他们深入理解和体验他人的情感。同时,教师还应该关注幼儿的情感需求和心理变化,及时发现和解决他们在情感认知方面的问题。

六、鼓励、关照弱势幼儿

在混龄教育活动中,不同年龄段的幼儿之间互动频繁,然而小年龄幼儿由于人际交往能力的不足,往往处于相对弱势的地位。若教师对此不加以干预,可能会导致幼儿之间的交往出现不平衡,进而影响小年龄幼儿的自信心。通常,在混龄活动中,小年龄幼儿在争取与大年龄幼儿的平等互动权利时,面临着较大的困难。这主要是因为小年龄幼儿的社会经验和人际交往能力相对较弱,难以仅凭自身力量与大年龄幼儿进行有效的互动。

针对这一问题,教师可采取一些措施来平衡幼儿之间的互动关系。第一,教师可以安排小年龄幼儿先与同等社会化程度的幼儿进行互动,这样有助于他们积累一定的社会交往经验,培养一定的自信心,然后再以自己的方式逐渐接近较为强势的大年龄幼儿。同时,教师还可以引导大年龄幼儿学会倾听和理解小年龄幼儿的需求,鼓励他们以关怀和帮助的态度与小年龄幼儿进行合作。这样不仅可以帮助小年龄幼儿逐渐获得自信心和人际交往能力,而且也能促使大年龄幼儿更加懂得如何关心和帮助他人。

通过这些干预措施,教师可以有效地平衡不同年龄段幼儿之间的互动关系,促进他们之间的共同成长和情感交流。这不仅有助于提高幼儿的人际交往能力,还有助于培养他们的社会责任感和同理心。

七、强化幼儿同伴之间的协商

在混龄教育活动中,强化幼儿同伴之间的协商是促进幼儿社会性发展和提高问题解决能力的重要手段。协商是幼儿同伴之间相互交流、理解和妥协的过程,通过协商,幼儿可以学会表达自己的观点和需求,同时也能理解和尊重他人的观点和需求。这有助于培养幼儿的沟通能力和合作精神,提高他们的人际交往能力。

第一,教师可以通过创设有利于协商的情境,激发幼儿同伴之间的协商意愿。教师可以设计一些需要合作完成的任务或游戏,让幼儿在完成任务或游戏的过程中自然地产生协商的需要。例如,教师可以组织一些需要合作完成的拼图游戏、角色扮演游戏或集体创作活动,让幼儿在游戏中体验到合作和协商的重要性。

第二,教师可以通过引导幼儿同伴之间的讨论和交流,促进幼儿同伴之间的协商。在活动中,教师可以观察幼儿之间的互动情况,发现有争议或冲突的情况时,及时介入并引导幼儿通过讨论和交流来解决问题。教师可以提出一些开放性的问题,引导幼儿思考问题的不同方面,鼓励他们发表自己的看法,同时倾听他人的看法。通过讨论和交流,幼儿可以逐渐明白不同的观点和需求,学会从多个角度思考问题,提高自己的思维能力和沟通技巧。

同时,教师还可以通过教授幼儿一些基本的协商技巧,提高幼儿同伴之间的协商效果。例如,教师可以教幼儿学会倾听他人的观点和需求,尊重他人的意见,理解他人的立场,以及如何提出自己的观点和建议,如何妥协和达成共识等。这些技巧可以帮助幼儿更好地进行协商,提高他们的协商能力和合作精神。

另外,教师还可以通过鼓励和表扬,强化幼儿同伴之间的协商行为。当幼儿在活动中表现出协商的行为时,教师可以及时给予肯定和表扬,这可以激发幼儿继续保持这种行为的动力。同时,教师还可以通过树立榜样,引导其他幼儿学习和模仿良好的协商行为。通过表扬和榜样的力量,幼儿可以逐渐形成积极的协商意识和行为习惯。

八、以具体、明确的评价来促进幼儿的发展

在混龄教育活动中,教师需要以具体、明确的评价来促进幼儿的发展。评价是教育活动中不可或缺的一部分,它不仅可以帮助教师了解幼儿的发展状况,还可以为幼儿提供反馈和指导,促进他们的进一步发展。

第一,教师需要制定具体的评价标准。这些标准应该与教育目标相一致,并且尽可能具体、可操作。例如,如果教育目标是培养幼儿的创造力,那么评价标准可以是幼儿在活动中表现出来的想象力、独特性和创造性。如果教育目标是培养幼儿的社交技能,那么评价标准可以是幼儿在活动中表现出来的合作能力、沟通能力等。

第二,教师需要通过多种方式收集幼儿的表现信息进行评价。这些方式可以包括观察、记录、口头反馈、作品分析等。观察是评价的重要手段之一,教师可以通过观察幼儿在活动中的表现来了解他们的学习状况和发展水平。记录也是重要的评价工具之一,教师可以通过记录幼儿的表现和成绩来跟踪他们的进步和发展。口头反馈则可以为幼儿提供及时的指导和反馈,帮助他们了解自己的表现和发展状况。作品分析则可以帮助教师了解幼儿的作品完成情况、技能掌握程度等。

第三,教师需要给予幼儿具体的反馈和指导。反馈应该及时、具体、有针对性,并且尽可能地提供改进的建议和指导。例如,教师可以告诉幼儿他们在哪些方面做得好,哪些方面需要改进,并提供一些具体的建议和方法来帮助他们提高。

此外,教师还需要定期对幼儿的发展进行总结和评价,并为他们制订下一步的发展计划。这可以通过制定发展曲线图、等级评价量表等方式来实现。通过这些工具,教师可以全面了解幼儿的发展状况,发现幼儿的优点和不足之处,并制订相应的教育计划来促进他们的进一步发展。

第四,教师需要注意评价的公正性和客观性。评价应该基于客观的事实和数据,而不是主观的偏见和印象。教师需要保持中立和公正的态度,尽可能避免对幼儿的任何偏见和歧视。同时,教师还需要定期反思和改进评价方法,以确保其客观性和有效性。

第三章 混龄教育管理

第一节 混龄教育管理原则

一、混龄教育管理原则的含义

混龄教育管理原则是指在混龄教育活动中,为了实现教育目标而制定的一系列指导性的原则。这些原则是混龄教育实践的基础,为教师提供了一系列的规范和指导,以确保混龄教育活动的有效开展。

第一,混龄教育管理原则强调尊重幼儿的年龄差异。在混龄教育活动中,幼儿来自不同的年龄段,他们的发展水平、认知能力、情感需求等方面都存在差异。因此,管理原则要求教师尊重幼儿的年龄差异,充分了解不同年龄段幼儿的特点和需求,并根据他们的特点进行有针对性的教育和管理。

第二,混龄教育管理原则强调促进幼儿的全面发展。混龄教育活动不仅关注幼儿的知识技能发展,还关注幼儿的社会性发展、情感发展、身体健康等方面的全面进步。因此,管理原则要求教师在教育活动中注重幼儿的全面发展,通过多种方式和手段促进幼儿各方面的进步。

第三,混龄教育管理原则强调教师的引导作用。在混龄教育活动中,教师作为引导者,需要为幼儿提供适当的指导和支持,帮助幼儿在活动中获得成长和发展。管理原则要求教师发挥积极的引导作用,通过启发、示范、鼓励等方式引导幼儿积极参与活动,培养他们的自主性和创造性。

第四,混龄教育管理原则强调同伴关系的重要性。在混龄教育活动中,不同年龄段的幼儿相互交往、互动学习,形成了一种特殊的同伴关系。管理原则要求教师关注同伴关系的发展,鼓励幼儿之间的合作与交流,通过同伴之间的互相帮助和学习,促进幼儿的共同成长。

第五,混龄教育管理原则强调评价的促进作用。评价是教育活动中的重要环节,它不仅可以帮助教师了解幼儿的发展状况,还可以为幼儿提供反馈和指导,促进他们的进一步发展。管理原则要求教师制定具体的评价标准,收集多种表现信息,给予具体反馈和指导,用定期总结和评价等方式来促进幼儿的发展。通过评价的促进作用,教师可以有针对性地调整教育活动的设计和实施方式,进一步优化混龄教育效果。

混龄教育管理原则是确保混龄教育活动有效开展的重要保障。通过尊重幼儿的年龄差异、促进幼儿的全面发展、强调教师的引导作用、关注同伴关系的发展以及重视评价的促进作用等方式,教师可以更好地实施混龄教育,为幼儿提供更加优质的教育环境和发展机会。同时,随着混龄教育的不断发展和实践经验的积累,混龄教育管理原则也需要不断的完善和更新,以适应时代发展的需要和幼儿发展的需求。因此,教师在实践中需要不断地进行反思和总结经验,根据实际情况灵活运用管理原则,推动混龄教育的持续发展。

(一)教育的基本规律

教育的基本规律是确保教育活动有效开展的重要前提,主要包括两个方面:一是教育要适应并促进社会发展的规律,二是教育要适应并促进儿童发展的规律。这两个规律是制定教育管理原则的基础,确保教育既符合社会发展的需要,又符合人的个体发展的需要。

教育是人类社会中一种特殊的活动,旨在培养人的全面素质和能力。在现代社会中,教育与社会的互动关系呈现出复杂性和多样性。一方面,现代教育受到社会多种因素的制约和影响,如生产力、政治经济制度、科技、文化、人口等。另一方面,现代教育又通过科技与文化的传承与创新,以及培养人才等多种方式服务于社会,发挥政治、经济、科技、文化和人口等多方面的功能。

教育的直接作用对象是人,因此教育与人的关系构成了教育诸多关系中的核心。在影响人类发展的众多因素中,教育无疑占据着至关重要的地位。从个体层面来看,教育能够激发人的潜能,促进人的认知、情感和身体等多方面的发展。从群体层面来看,教育是促进社会流动和公平的重要手段,对于构建和谐社会具有深远的意义。

在制定教育管理原则时,需要充分考虑教育的本质和社会发展的需要。教育管理原则应以教育的本质特性为依据,确保教育活动的有序、高效和规范。同时,教育管理原则还应关注社会发展对教育的需求,使教育活动能够适应社会变革和发展趋势。此外,教育管理原则还需要关注儿童发展的规律和需求,确保教育活动能够促进儿童的身心健康成长。

(二)管理的基本规律

1. 整体优化原理

整体优化原理在教育管理中是指通过合理配置教育资源,实现教育系统的整体优化,从而提高教育质量和效益。这一原理强调从整体的角度出发,综合考虑各种因素,使教育系统的各个方面相互协调、相互促进,以达到最优的教育效果。

第一,整体优化原理要求在教育管理中注重整体性。教育系统是一个由多个要素组成的复杂系统,包括教师、学生、课程、设施、管理等多个方面。这些要素之间相互联系、相互影响,形成一个有机的整体。因此,在教育管理中,必须从整体的角度出发,全面考虑各个要素之间的关系,把握整体的结构和功能,以达到整体的最优。

第二,整体优化原理要求在教育管理中注重协调性。教育系统的各个要素之间存在着多种多样的关系,如师生之间的关系、课程设置与学生需求之间的关系、教学设施与教学质量之间的关系等。要实现整体优化,必须使这些关系相互协调、相互促进。通过合理的资源配置和调整,使各个要素之间形成良性互动,共同推动教育系统的优化和发展。

第三,整体优化原理要求在教育管理中注重创新和发展。教育系统是一个动态发展的系统,必须不断适应社会发展和学生需求的变化。因此,在教育管理中,必须注重创新和发展,不断更新教育观念、改进教学方法、完善课程设置、提高教育设施水平等。通过持续的创新和发展,推动教育系统的整体优化和进步。

2. 合理组合原理

在管理学的视角下,可以被视为对各种资源、要素的有序整合。对于同一组管理对象,由于组合方式的差异,其内部各要素间的组织关系会呈现出多样性,进而导致不同的管理效果。合理的组合方式,能够使组织结构更为严密,运作更为流畅;可以使各个要素凝聚成一个有机的整体,发挥出协同效应;能够增强组织对外部环境的适应能力,实现自我调节、自我控制和自我完善;同时,还能充分发挥个体优势,使人才得到合理利用,达到人尽其才、物尽其用的效果。

在混龄教育机构中,领导班子和配班老师的组合显得尤为重要。为了提升教育管理的效率,实现资源的最大化利用,在构建领导班子时,应当注重成员之间的互补性和协同性。具体而言,要充分考虑各位成员的专长、经验、性格和思维方式等要素,确保班子内部能够形成优势互补、相互支持的良好氛围。同样在选择配班老师时,除了要考虑他们的业务能力和特长外,还需要关注其年龄结构、气质类型、性格特点等方面的因素。这样的组合方式能够确保团队内部的和谐与稳定,降低内耗的风险,提高整体的工作效率。

通过合理的组合,混龄教育机构可以构建起一支高效、团结的领导团队和教师队伍。这样的团队在面对教育管理中的各种挑战时,能够更加迅速地做出反应,制定出科学合理的管理策略和措施。同时,也有助于提升混龄教育机构的整体形象和声誉,吸引更多的优质教育资源,推动机构的长远发展。

3. 动态平衡原理

在不断发展的时代背景下,任何组织都面临着外界环境和内部因素的持续变化。这些变化可能打破组织系统的原有秩序和平衡,引发一系列新的矛盾和问题。作为管理者,必须保持与时俱进的态度,不断调整和优化管理活动。针对可能或已经发生的变化,管理者需要持续地对组织管理进行调整,以促使组织达到新的平衡状态,而不是故步自封、墨守成规。

随着时代的进步,管理方式也必须因势而变,以满足组织发展的需要。在不同的组织发展阶段,组织的运作特点和管理的角色定位也有所差异。在组织的初创阶段,各种规章制度尚不完善,管理者通常采用指令性的管理方式,并亲自带头、以身作则,为组织的初创和发展奠定基础。然而,当组织进入相对成熟和稳定的阶段,已经形成了一套完整的规章制度,管理过程更加注重按章办事,以组织管理和制度管理为主导。在这个阶段,日常管理更多地采用"例外管理"方式,而高层管理者的任务更多地侧重于决策和战略规划,而不是事无巨细、亲力亲为。

4. 人本原理

人既是生产力中最活跃的因素,也是管理活动中最具有活力的因素。混龄教育机构所拥有的人、财、物等都是管理的基本要素和管理对象;但是,人是唯一具有主动性、能动性和创造性的要素,物力、财力等其他资源要素只有在人的掌控和使用下,才能有效发挥其作用。现代管理的核心和动力是人的积极性。一切管理都应以调动和激发人的积极性、做好人的工作为根本。在管理工作时,管理者要充分考虑到被管理者是具有独立人格的个体,要和被管理者建立和谐的人际关系,而不仅仅是一种上下级的关系,更不能把被管理者当作"会说话的工具"。人作为一种特殊的资源,从某种意义上讲,既是管理的手段、工具,也是管理的目的。

二、方向性原则

方向性原则在教育管理中的应用,主要涉及对教育发展方向的设定和教育资源的配置。这一原则强调在教育管理中,应有一个明确的发展方向,以确保教育活动的有序进行和资源的合理利用。

第一,方向性原则要求在教育管理中确立明确的发展目标。这个目标应该与国家的教育方针、政策以及社会的需求相一致,同时也要考虑到教育机构自身的实际情况和特点。发展目标的设定,有助于凝聚全体教育工作者的共识,形成共同的奋斗方向,从而确保教育活动的有序开展。

第二,方向性原则要求在教育管理中注重资源的合理配置。教育资源的配置是实现教育目标的重要手段。在资源配置过程中,必须充分考虑教育机构的发展目标和战略规划,确保资源的投入与教育发展方向相一致。通过对资源的合理配置,能够有效地提高教育管理的效率和质量,推动教育机构朝着既定的目标发展。

此外,方向性原则还要求在教育管理中注重过程的监控和调整。教育管理是一个动态的过程,受到多种因素的影响,如社会环境的变化、学生需求的变化等。因此,在实施教育管理的过程中,必须对教育发展的方向进行持续的监控和调整。通过及时发现和解决发展中的问题,调整资源配置和策略,以确保教育发展方向的正确性和有效性。

三、教养为主的整体性原则

教养为主的整体性原则,是指在幼儿园这一复杂系统中,各个组成部分之间相互作用、相互依赖,共同构成一个具有特定功能的有机整体。为实现整体效能,核心在于明确目标导向。要实现幼儿园的双重任务,必须确保保教工作在整个系统中的中心地位。在管理上,应以整体目标的实现为出发点,以保教为主线,进行全面规划、统一指挥和合理整合园内各部门、各类资源、各层次人员,以最大化发挥整体协同效应。

教养为主的整体性原则在幼儿园管理工作中具有重要的指导意义。它有助于我们妥善处理各种错综复杂的关系,如整体利益与局部利益、主要矛盾与次要矛盾、中心工作与其他任务、教育与管理的平衡等。这一原则要求我们以教育的客观规律为依据,不仅将之视为教育的基本原则,同时也视其为管理的核心准则。它反映了管理工作的内在规律,强调整体与局部的和谐统一,以及目标导向下的有序管理。

四、有效性原则

幼儿园管理的有效性原则主要关注的是在特定目标和资源约束下,通过科学合理的管理手段,优化资源配置,实现既定的培养目标和任务,并确保高质量和高效率。为了实现这一原则,需要深入研究人力、物力、财力等资源的投入与产出的关系,关注管理活动的效率和效果。

在实践中,要提高幼儿园管理的有效性,需要遵循一系列原则。第一,要明确管理目标,确保所有管理活动都围绕既定的目标展开,避免资源的浪费和无效的投入。第二,要科学合理地规划和管理各项资源,包括人力、物力、财力等,确保资源的合理配置和有效利用。同时,要充分挖掘和发挥各类资源的潜力,提高管理活动的效率和质量。为了实现幼儿园管理的有效性,还需要注重管理活动的经济效益和社会效益。经济效益主要关注的是投入与产出的关系,即在既定的投入下实现最大的产出。社会效益则更关注幼儿园对社会的贡献和影响,如培养儿童良好的品德和行为习惯、提高儿童的综合素养等。

为了实现幼儿园管理的有效性,还需要遵循教育和管理的基本规律。这些规律包括但不限于儿童身心发展规律、教育规律、管理规律等。只有在科学合理的原则和方法指导下,才能更好地研究和处理幼儿园管理中的问题,提高管理活动的科学性和有效性。

五、社会协调性原则

社会协调性原则在教育管理中是指教育管理活动必须与社会的整体发展和需求相协调,确保教育机构的目标、功能和行为与社会发展的方向和目标相一致。这一原则强调教育管理不能脱离社会大环境孤立存在,而是要与社会各方面相互联系、相互作用,形成有机的整体。

第一,社会协调性原则要求教育管理必须关注社会的整体发展。随着社会的不断进步和变革,教育管理必须紧跟时代步伐,及时调整和更新管理理念和方法,以适应社会发展的需要。同时,教育管理还要关注社会的重大问题和挑战,如经济、科技、文化等领域的变革和发展,积极应对社会需求的变化,提高教育机构的社会适应能力。

第二,社会协调性原则要求教育管理必须与社会的目标和价值观相一致。社会的目标和价值观是社会发展的导向和基石,教育管理必须遵循这些目标和价值观,确保教育机构的培养目标、课程设置、教学管理等与社会的需求和发展相符合。只有这样,才能培养出符合社会需要的人才,推动社会的进步和发展。

第二节　混龄教育管理方法

一、经济方法

(一)经济方法的含义

经济方法是指园所管理者运用各种经济手段,调动教职工的积极性,对教职工的行动进行管理的方法。具体来讲,就是根据教职工的工作表现和实际成绩,以及按劳分配的原则,运用工资、福利、奖金、罚款等经济手段的杠杆,组织、调节和影响教职工的行动,以提高园所管理的效率,促进园所管理目标的实现。

心理学的研究表明,物质利益是人们工作的基本动因之一。经济方法的实质是物质利益原则,即运用经济手段不断调整各方面的物质利益关系,从而提高全员工作的积极性和责任感。列宁曾指出,社会主义管理不能单凭政治热情和行政命令,还必须借助经济方法,从个人利益上关心每个人。如果不承认经济利益的调节作用,"吃大锅饭""搞一刀切""干好、干坏和干多、干少全是一个样",就会严重挫伤教职工的积极性,给园所工作造成很大的损失。近些年,实践证明,随着社会主义市场经济体制的发展和托幼园所管理体制改革的不断深化,经济方法在园所管理中的运用已成为一种客观要求,它是调动广大教职工的积极性、提高园所管理成效的一种有效的方法。

(二)经济方法的特点和作用

经济方法,作为一种管理手段,源于对经济组织的管理实践。它具有一系列显著的特点,这些特点使其在园所管理中具有重要的应用价值。了解经济方法的特点和作用,有助于更好地运用这一方法,提高园所管理的效能。

第一,经济方法的特点之一是利益导向性。它承认个体在物质利益方面的差异,并认为物质利益是影响个体行为的重要因素。在园所管理中,经济方法将教职工的工作业绩与个人物质利益直接挂钩,通过调整物质利益来激励教职工的工作积极性和创造力。这种利益导向性不仅体现了对个体贡献的认可,同时也为园所的发展提供了动力。

第二,经济方法具有有偿性。它依据"按劳分配,多劳多得"的原则,将教职工的工作报酬与其付出的努力和贡献直接关联。在这样的制度下,教职工的额外付出能够得到相应的经济回报,从而激发他们的工作热情和责任感。这种有偿性不仅有助于提高教职工的工作效率和质量,还有助于形成积极向上的工作氛围。

第三,经济方法强调平等性。在利益分配上,它依据统一的价值标准对所有教职工进行衡量,确保了机会的平等和公正。无论教职工的职位高低、资历深浅,其工作业绩都会得到公正的评价和相应的报酬。这种平等性有助于消除园所内部的特权和等级观念,促进教职工之间的良性竞争和合作。

第四,经济方法具有间接性。与传统的直接管理方式不同,经济方法不直接干预教职工的行为选择,而是通过物质利益的调整来间接影响教职工的行为动机。这种间接性使得教职工有更多的自主权和选择空间,能够根据自身的利益和需求来决定自己的行为方向。同时,经济方法也鼓励教职工自我管理和自我激励,提高他们的工作积极性和自主性。

经济方法在园所管理中的作用不容忽视。第一,它能够有效地激发教职工的工作热情和创造力,提高他们的工作效率和贡献度。第二,经济方法有助于形成积极向上的工作氛围和竞争机制,促进园所内部的良性竞争和持续发展。此外,通过建立公正、公平的利益分配机制,经济方法还有助于增强园所内部的凝聚力和稳定性。

二、思想政治教育方法

(一)思想政治教育方法的含义

思想政治教育方法是指在思想政治教育过程中,教育者为了达到一定的教育目的,采用一系列有计划的教育手段和措施,以影响和作用于教育对象的思想品德。它是实现思想政治教育目的的重要手段,是教育者与教育对象之间相互作用的方式。

思想政治教育方法的含义可以从以下几个方面来理解:

第一,思想政治教育方法是教育者与教育对象之间相互作用的桥梁和纽带。通过采用适当的教育方法,教育者能够有效地将教育内容传达给教育对象,并对其思想品德产生积极的影响。同时,教育对象也会对教育方法产生一定的反馈作用,促使教育者不断调整和改进方法,以更好地实现教育目标。

第二,思想政治教育方法是实现教育目的的重要手段。不同的教育方法具有不同的特点和适用范围,只有根据教育目的选择合适的方法,才能取得最佳的教育效果。因此,在思想政治教育过程中,教育者需要根据具体情况选择最恰当的方法,以达到最佳的教育效果。

第三,思想政治教育方法具有灵活性和多样性。随着社会的发展和人们思想观念的变革,思想政治教育的环境和对象也在不断变化。为了适应这些变化,教育者需要不断探索和创新教育方法,采用更加灵活和多样化的手段来影响和作用于教育对象的思想品德。

(二)思想政治教育方法的特点和作用

1. 启发性

思想政治教育方法并不直接干预和决定人们的具体行动,而是通过思想和价值观的引导,使教职工正确地选择该做什么及怎样去做,从而发挥思想作为行动先导的作用。一般来说,园所领导者的宣传越符合真理,越晓之以理、动之以情,就越能说服被管理者,从而导之以行。

2. 长期性

长期性表现为过程的长期性和效果的长期性两个方面:一方面,转变人的思想过程不是一朝一夕所能完成的,而需要长期不懈的努力,是一个渐进的过程;另一方面,一旦形成良好的思想品德和正确的价值观,政治觉悟得到提高,就会持久稳定地对人的工作产生积极的影响。应注意通过积极的思想政治工作,形成良好的园风园貌,推动园所的精神文明建设,从而发挥环境气氛对组织成员的影响作用。

3. 复杂多样性

人的思想多种多样,不同的人需要不同的对待,同一个人在不同环境中也会发生变化。人的思想的复杂性、多样性,决定了思想政治教育方法具有复杂性和灵活性的特点。应结合教职工的具体生活和工作中的实际问题,加强针对性,有计划、有步骤、细致地进行思想教育。空头政治或单纯说教是无济于事的。

思想政治教育方法在实际工作中发挥着十分重要的作用。它通过动员群众、组织群众、教育群众、提高群众的思想政治素质,促进他们主动、积极、努力的工作。可见,思想政治教育方法对坚持社会主义办园方向和全面贯彻党的教育方针和政策起着保障作用。

第三节　混龄教育管理过程

一、管理过程的概念

管理过程是指一系列有规律的管理活动,这些活动旨在实现特定的目标,并涉及计划、组织、领导和控制等基本管理职能。它是管理者在组织内实施有效管理和领导的系列步骤和活动,以确保组织的高效运作和目标的实现。

管理过程是组织成功的关键因素之一。它不仅涉及日常运营和决策,还涉及组织战略的制定和实施。通过管理过程,管理者能够协调和整合组织的各种资源,实现组织的目标和愿景。管理过程的有效性取决于管理者对组织内外部环境的理解、对资源的合理配置、对员工的激励和指导以及决策的正确性等方面。

二、管理过程理论概述

（一）管理过程理论

管理作为一个过程,其实质是管理者在组织中实施的一系列有规律的行动,旨在实现特定的目标。这个过程是由不同的阶段构成的,每个阶段都有其特定的职能和任务。

从纵向的管理过程来看,虽然不同的学者和管理者对于管理过程的阶段划分存在差异,但总体上可以归纳为以下几个阶段:计划、组织、领导、控制等。这些阶段是相互联系、相互依存的,任何一个阶段都无法独立于其他阶段而存在。

在计划阶段,管理者需要确定组织的目标和战略,制定实现这些目标和战略的计划和方案,并分配资源和预算。计划是管理过程的基础,它为整个管理过程提供了指导和方向。

在组织阶段,管理者需要建立组织结构、分配资源和职责、制定政策和程序以及构建团队和沟通渠道等。组织的目标是确保组织的运作有序、高效并能够实现其目标和战略。

在领导阶段,管理者需要指导和激励员工,建立有效地沟通和合作关系,并提供支持和指导。领导的目标是激发员工的潜力,使他们感到受到重视和支持,并帮助他们发展自己的技能和才能。

在控制阶段,管理者需要制定和实施控制机制,监测组织的运作和绩效,评估和调整计划和方案等。控制的目标是确保组织的运作符合其目标和战略,并及时纠正偏差和错误。

尽管管理过程是一种宏观的、纵向的运作方式,管理职能则是一种微观的、横向的运作方式。但二者又是相互联系的:管理过程只有在管理职能的有效支持下,才能顺利展开;而管理职能则蕴含于整个管理过程之中。

（二）"戴明环"理论

"戴明环"理论,又称 PDCA 循环,是由美国质量管理专家威廉·爱德华兹·戴明提出的一种持续改进模型。这一理论在管理领域具有广泛的影响,被视为一种有效的质量管理和流程优化工具。PDCA 分别代表计划（Plan）、执行（Do）、检查（Check）和行动（Action）,这四个阶段构成了一个循环往复的过程,旨在通过不断迭代和优化,实现管理水平和绩效的持续提升。

在计划阶段,管理者需要明确目标、制订计划并确定实施方案。这一阶段的关键在于确立清晰的目标和可行的计划,为后续的执行阶段提供明确的指导。

执行阶段是将计划转化为实际行动的过程。在这一阶段,管理者需要组织资源、协调团队并监控执行过程,确保计划得以顺利实施。有效地执行是实现管理目标的基础。

检查阶段是对执行结果进行评估和反馈的过程。管理者需要收集数据、分析结果并与预期目标进行比较,以了解执行过程中的问题和不足。这一阶段的关键在于客观、准确地反映实际情况,为下一阶段的行动提供依据。

行动阶段是针对检查阶段发现的问题进行改进的过程。管理者需要总结经验教训、制订改进措施并调整计划,以便在下一个循环中更好地实现目标。行动阶段的关键在于持续改进和不断优化,推动管理水平的螺旋式上升。"戴明环"理论强调了管理过程的循环性和持续改进的重要性。通过不断地进行计划、执行、检查和行动,组织可以及时发现问题、解决问题并优化流程,从而实现持续的质量提升和绩效改进。这一理论在管理实践中具有广泛的应用价值,被众多企业和组织作为提升管理水平和竞争力的有效工具。

二、幼儿园计划的制订

(一)幼儿园计划制订的重要性

幼儿园计划的制订是幼儿园管理的起点,它不仅决定了幼儿园的整体工作方向,还是确保幼儿园工作有序进行的关键。计划的制订有助于明确幼儿园的目标和任务,为教职工提供一个清晰的工作指引。同时,通过计划,幼儿园可以对各项工作进行合理安排,优化资源配置,提高工作效率。

(二)幼儿园计划的主要内容

目标设定:明确幼儿园的教育目标和管理工作目标,确保教职工对幼儿园的整体发展方向有清晰的认识。

工作计划:根据目标设定,制订具体的实施计划,包括教学计划、活动计划、培训计划等。工作计划应具体、可行,并考虑园所实际情况和幼儿的发展需求。

资源配置:合理规划幼儿园的师资、物资、场地等资源,确保各项工作的顺利开展。资源配置应注重效益最大化,避免浪费。

预算安排:根据工作计划和资源配置情况,制定合理的预算方案,确保各项支出符合预算,避免超支。

评估与调整:定期对计划的执行情况进行评估,及时发现问题并进行调整。同时,根据评估结果对计划进行优化和完善,确保计划的持续有效性。

(三)幼儿园计划制订的步骤

目标设定:第一明确幼儿园的教育目标和管理工作目标,确保教职工对幼儿园的整体发展方向有清晰的认识。目标设定应具有可衡量性、可达成性和相关性。

分析现状:对幼儿园的实际情况进行全面分析,包括园所设施、师资力量、幼儿发展状况等。这一步骤有助于了解园所的优势和不足,为计划的制订提供依据。

制订计划:根据目标设定和分析现状的结果,制订具体的实施计划。工作计划应注重可操作性,明确各项任务的负责人和完成时间。同时,要确保计划的灵活性,以便应对可能的变化。

资源配置:根据工作计划的需要,合理配置幼儿园的师资、物资、场地等资源。资源配置要充分考虑园所的实际条件和幼儿的发展需求,力求实现资源的有效利用。

预算编制:根据工作计划和资源配置情况,编制预算方案。预算编制要注重合理性和可行性,既要避免浪费也要保证工作的正常开展。

评估与调整:在计划的执行过程中,定期对各项工作进行评估。通过评估了解计划的执行情况,及时发现问题并进行调整。同时,要根据实际情况对计划进行优化和完善,确保计划的持续有效性。

反馈与改进:在计划的执行过程中,鼓励教职工积极反馈计划执行的情况和问题。通过反馈与改进机制,不断优化计划和提高管理效率。

(四)注意事项

在制订幼儿园计划时,应注意以下几点:

目标明确:确保计划的目的是实现幼儿园的教育目标和管理工作目标。目标要具体、明确,具有可衡量性。

实事求是:计划的制订要符合园所实际情况和幼儿的发展需求。避免过于理想化或脱离实际的情况出现。

灵活性:计划的制订要考虑可能的变化因素,保持一定的灵活性。以便应对不可预见的情况或变化。

三、幼儿园计划的实施

实施是将计划付诸行动、将设想转化为现实的管理过程。实施是将计划转化为实际行动的过程,是将管理理念转化为具体行动的重要环节。没有实施,任何计划都只是停留在纸面上的设想,无法产生实际效果。实施是贯穿整个管理周期的中心环节,是实现目标的关键步骤。为了确保计划的顺利实施,必须注重实施的组织、协调、指导、激励和教育等方面的工作。

在实施阶段,幼儿园管理者需要明确各项任务的目标和要求,根据计划规定的工作内容进行具体安排。同时,管理者还需要关注实施的进展情况,及时解决实施过程中出现的问题,确保计划的顺利推进。

在实施过程中,幼儿园管理者需要着重抓好组织、协调、指导、激励与教育等工作。组织工作是实施的前提,需要合理分配资源,明确职责和分工;协调工作是实施的关键,需要处理好各方面的关系,确保工作的顺利进行;指导工作是实施的保障,需要对教职工进行具体的指导和帮助;激励工作是实施的动力,需要激发教职工的积极性和创造力;教育工作是实施的基础,需要注重教职工的培训和发展,提高整体素质。

通过抓好实施环节,幼儿园管理者可以确保计划的顺利推进,实现管理目标。同时,实施过程中的组织、协调、指导、激励和教育等工作也是实现幼儿园持续发展的重要保障。因此,幼儿园管理者需要高度重视实施环节,采取有效措施确保计划的顺利实施,推动幼儿园的持续发展。

(一)组织、协调

1. 健全组织机构,发挥组织职能

有效的组织机构和合理的工作规范是实现幼儿园计划的重要保障。通过建立健全的组织机构和工作规范,明确各个部门和人员的职责分工,形成有效的协调机制,确保计划得以顺利实施。同时,幼儿园领导应加强对全体人员的培训和教育,提高其职业素养和工作能力,确保计划得以顺利落实。

2. 合理分配资源

资源的合理分配是实现幼儿园计划的关键环节。幼儿园领导应根据计划提出的目标任务,科学合理地分配人力、物力、财力等资源,确保资源的有效利用。在资源分配中,应注重人力的合理安排,坚持任人唯贤的用人原则,形成良好的人才成长机制和用人环境。同时,加强资源使用的监管和评估,避免浪费和损失。

3. 协调各方面关系

协调工作是实现幼儿园计划的重要保障。通过协调各个部门和人员的活动,解决矛盾冲突和不和谐因素,促进相互配合和支持。在协调工作中,应注

重建立有效的沟通机制和信息交流平台,加强各个部门之间的协作配合,形成共同实现幼儿园计划的合力。同时,加强对人员的培训和教育,提高其综合素质和能力水平,减少内耗和矛盾冲突的发生。

(二)指导、激励和教育

幼儿园领导在计划实行阶段应对各类人员的工作给予指导,发挥指挥者的作用,使组织的各类人员进一步明确工作目标,不断改进工作方法,保证计划的顺利执行。管理者要注意深入实际,了解情况,如掌握工作进度、物质准备与消耗、人员思想及情绪状态等,并给予具体的指导,协助解决问题。还应注意将指导与激励教育相结合,及时发现好人好事,给予表扬鼓励,并通过加强思想工作,培养和谐合作的人际关系和增强组织成员的责任感,调动全体员工的积极性,努力做好工作。

(三)实行阶段应注意的问题

1. 实行计划的严肃性

计划一经制订并公布于众,就必须坚决执行,防止形式化,即为制订计划而计划或为应付上级检查而制订计划。

2. 考虑计划的科学安排,加强时间观念

幼儿园领导应通过计划体系的建立,将全园各项工作全面组织起来。例如,依时间确立的计划系列:学期计划—月计划—周计划及每日工作安排;依空间确立的计划系列:全园计划—部门计划—班组及个人计划。幼儿园领导应特别加强自身工作的计划性、有效性,通过制定每周全园工作日程表,对每日工作做园务日志记录等,保证每项工作落到实处,提高管理的有效性。

3. 注意发挥各级组织的职能作用

幼儿园领导应充分调动各方面的积极性,发挥党团工会等非行政组织的作用,争取其支持配合,并注意发挥各部门、班组的作用,形成执行计划的合力,确保幼儿园任务目标的实现。

四、幼儿园计划实行的检查

(一)检查在管理过程中的意义

检查是管理全过程的中级环节,是计划实行阶段的必然发展,也是总结阶段的前提和依据。检查是为了促进工作计划的执行,可以掌握工作的进展情况,及时发现并解决问题,总结推广经验,促进各方面工作有效地进行。对于领导者、管理者,检查具有检验决策、获取反馈信息从而调整部署,指导今后工作的作用;通过检查,还可以督促指导职工工作,评价其工作状况并促进其相互学习,取长补短。

因此,检查是推动幼儿园工作顺利进行的重要措施,是实现工作计划目标、获得预期成果的保证。幼儿园领导不能满足于要求提过了、工作也做了,而应注意通过检查这一环节,把握计划实施的真实情况,看看工作到底做得如何,及时解决执行中的偏差和问题。

(二)检查的方式

检查的方式是多种多样的。按时间来划分,检查分为定期检查和经常性检查。定期检查一般是指阶段性的集中检查,如期中工作检查或期末检查。幼儿园工作的一个特点就是具有阶段性,通常每个学期都需要这样的检查,可以较系统地对计划实行阶段的工作进程和质量水平做出分析,为后期工作提供指导和资料。经常性检查是指平时在实行阶段经常进行的检查,具有及时、灵活的特点,可及时发现问题和解决问题。

按检查的内容来划分,检查分为全面检查和单项或专题性检查。全面检查往往在学期结束前后进行,是一种常规性的检查,有益于全面掌握情况;单项或专题性检查是针对计划实行阶段工作中某个方面的问题进行的检查,可以较深入细致地了解某些较突出的重点问题。

按检查的人员(执行主体)来划分,检查分为领导检查、群众检查和自我检查。在目前幼儿园管理中,后两种检查方式越来越受到重视,它们与自上而下的管理相结合,从而起到进行自我调控和自我管理的作用。领导检查有幼儿园内部的检查,还有来自组织机构外部的检查。

幼儿园领导要注意根据幼儿园工作的实际需要,采取多种检查方式,多方面了解情况,掌握全局。

(三)有效检查的基本要求

检查作为计划执行的保证措施,在幼儿园管理中扮演着至关重要的角色。为了确保检查的有效性,并充分发挥其管理手段的作用,幼儿园管理者在组织检查活动时应注意以下几个方面:

第一,明确检查的目的。检查不应仅视为一种目的,而应视为一种管理工具或手段。其核心目的是指导并促进工作的进行,通过检查来发现可能存在的偏差,分析原因,并采取相应的纠正措施,以确保计划和目标的顺利实现。

第二,检查应以计划规定的要求为依据,有计划、有步骤地进行。这意味着管理者应明确检查的标准和尺度,确保这些标准和尺度具有系统性和可操作性,从而为检查提供明确的指导。

第三,在检查过程中,获取准确、可靠和全面的信息是至关重要的。这些信息不仅有助于评估计划的执行情况,还能为管理者的决策提供依据。具体而言,管理者应确保所获取的信息具有及时性、可靠性和有效性。信息的及时性意味着信息应能反映即时的情况,以便管理者能迅速做出反应;信息的可靠性要求信息必须准确无误;而信息的有效性则强调信息应符合控制工作的具体需求。

第四,检查的形式应多样化。管理者应综合运用多种方式来获取足够的信息,如实地观察、听取汇报、召开会议以及查阅相关资料等。通过多种方式的结合使用,管理者可以获得更真实、全面的资料,从而更准确地评估计划的执行情况。

第五,在检查过程中,不仅要关注工作结果,还要关注工作过程。结果与过程并重的方法有助于更全面地了解计划的执行情况,并深入分析可能存在的问题。

第六,将检查与指导相结合是提高检查效果的关键。通过面向全员的指导性报告、树立榜样以及具体个别指导等方式,管理者可以有效地推动工作的顺利进行,并提高教职工的工作能力和水平。

五、幼儿园计划实行的总结

总结阶段在管理活动中占据着举足轻重的地位,是对工作进行全面回顾和评价的重要环节。通过总结,可以对计划、实行和检查进行深入的分析与评价,总结经验教训,探讨工作规律,并为下一周期的计划制订提供重要的参考依据。因此,总结阶段不仅是对工作的全面评价,更是对工作过程的提炼和升华,有助于增强工作的预见性与自觉性,提高管理水平和效率。

总结的类型多种多样,可以从不同的角度进行分类。从内容上来看,总结可以分为全面工作总结和单项或专题性总结;从部门角度来看,可以分为全员总结、部门总结和个人总结。此外,根据计划管理周期的不同,总结也可以分为长期、中期和短期总结。无论是哪一个类型的总结,都应该与相应的计划相对应,确保总结工作的全面性和准确性。

第四节　混龄教育管理目标

一、目标和目标管理

（一）目标的含义和特点

1. 目标的含义

目标在《现代汉语词典》中的解释有两层含义。然而,在这里我们关注的是其第一层含义,即目标被定义为一种预期的境界或标准,它是一个主观的设想,存在于人的头脑中,代表着活动的预期目的。具体来说,目标是一种主观意识形态,它是个体或组织在一定时期内进行各种活动所期望达到的最终结果或标准。在管理学的语境中,目标通常特指组织、群体或个体在特定时间内进行各种活动所追求的预期目的或结果,它是衡量活动成功与否的标准或状态。

2. 目标的特点

不同的组织和个体往往具有各自独特的目标,这些目标多种多样,并呈现出以下显著特点:

主观性:目标是对预期活动结果的个体化设想,它在人们的头脑中形成,是一种主观的意识形态。根据目标反映客观现实的准确程度,我们可以将这些目标划分为必然目标、可能目标和不可能目标,这完全依赖于个人的主观理解和感知。

方向性:目标是活动的预期目的,它为活动提供了明确的导向。目标在组织中起着至关重要的作用,它不仅为各个方面的活动指明方向,而且是维系组织各个方面关系、构成系统组织方向的核心要素。

现实性:目标的现实性来自其价值和可操作性。从满足期望的角度看,目标可以分为理想目标、满意目标、勉强目标和不得已目标。这些不同的目标反映了人们对现实的不同理解和期望。

多样性:由于人的需求和工作需求的多样性,价值观也相应地呈现出多元化。这种多元化的价值观导致了目标的多样性。在众多的目标中,我们总是可以区分主要目标和次要目标,因为它们的重要性程度和优先级是不同的。

时限性:目标的实现性意味着每个目标都应有一定的时间限制。如果缺乏时间限制,目标可能失去其应有的价值和意义。时间限制使得目标具有可衡量性和可达成性,为目标的实现提供了具体的指导。

(二)目标管理

1. 目标管理的由来

目标管理的由来可以追溯到 20 世纪 50 年代的美国。当时,美国著名管理学家德鲁克在《管理的实践》一书中提出了目标管理的概念,引起了广泛的关注和应用。德鲁克认为,传统的管理方式过于关注过程和制度,而忽视了结果和绩效,导致组织无法充分发挥其潜力。因此,他提出了一种以目标为导向的管理方法,即目标管理。

目标管理强调将组织的总体目标分解为各个部门、团队和个人的具体目标,并建立起一套有效的考核机制,以确保目标的实现。通过目标管理,组织可以更好地集中资源,明确工作方向,提高工作效率和员工的积极性。

在实践中,目标管理逐渐得到了广泛的认可和应用。许多组织开始采用目标管理的方法,将其作为组织管理的重要手段之一。随着时间的推移,目标管理的理念和方法逐渐传播到世界各地,成为现代管理理论的重要组成部分。值得注意的是,目标管理并不是一种万能的解决方案,它需要与组织的实际情况相结合,并考虑到各种因素的影响。在实际应用中,还需要不断完善和调整目标管理体系,以确保其有效性和适用性。

2. 目标管理的含义

目标管理作为一种现代管理科学的核心内容,不仅体现了一种先进的管理理念,更是一种系统化和科学化的管理模式。目标管理,又称为 MBO,强调的是目标为导向、人为中心和成果标准的原则,旨在帮助组织与个人实现最佳的业绩表现。

目标管理是一个系统性的管理过程,包括目标的制定、实施、评估和更新等环节。在这个过程中,管理者扮演着关键的角色,他们需要确保目标与组织的战略方向相一致,同时也需要协调各个部门和个人的工作,以确保目标的实现。

目标管理的核心在于通过目标的激励作用,充分激发员工的积极性和创造力。员工参与目标的制定和实施过程,能够增强他们对工作的认同感和责任感,从而更好地发挥个人的潜能。

目标管理的特点在于注重工作成果和成果评价,强调自我控制和自我管理。这意味着员工需要对自己的工作负责,通过自我驱动和自我激励来实现目标。同时,管理者也需要提供必要的支持和指导,帮助员工克服困难和挑战。

总体来说,目标管理是一种系统化、科学化的管理方法,它能够有效地协调组织和个人之间的关系,促进团队合作和提高工作绩效。在实践中,目标管理需要根据组织的实际情况进行调整和完善,以确保其能够适应组织的发展需求和管理要求。

二、幼儿园实施目标管理的意义和作用

随着现代教育的发展和教育改革的深入,幼儿园的管理工作面临着越来越多的挑战。在这样的背景下,实施目标管理显得尤为重要。幼儿园实施目标管理的意义和作用是多方面的,下面我们将从几个方面进行详细探讨。

(一)目标管理有助于提高管理效率

目标管理是一种以目标为导向的管理方法,通过制定明确的目标并对其进行跟踪和评估,可以有效提高管理效率。在幼儿园中,实施目标管理可以使管理者更加清晰地了解幼儿园的整体发展方向和重点,从而有针对性地制订工作计划和资源配置方案。同时,通过目标的分解和落实,可以将整体目标与个人工作紧密结合,使每个教职工都明确自己的职责和工作要求,避免了工作的重复和资源的浪费,进一步提高了管理效率。

(二)目标管理有助于激发教职工的积极性

目标管理强调以人为中心,注重教职工的参与和自我管理。在幼儿园中,教职工是重要的资源,他们的积极性和创造性对于幼儿园的发展至关重要。实施目标管理可以使教职工更加明确自己的工作方向和职业发展目标,从而激发他们的工作热情和创造性。同时,通过目标的激励和奖励机制,可以进一步增强教职工的责任感和归属感,提高他们的工作满意度和绩效表现。

(三)目标管理有助于促进组织文化建设

组织文化是组织发展的灵魂,对于幼儿园来说也是如此。实施目标管理可以帮助幼儿园树立明确的文化价值观和发展愿景,使教职工对幼儿园的发展方向和社会主义核心价值观有更加清晰的认识。通过目标的制定和实施,可以使教职工更加注重团队合作、创新精神和责任意识等组织文化的建设,从而形成良好的工作氛围和团队凝聚力,进一步推动幼儿园的可持续发展。

(四)目标管理有助于提升教育质量

教育质量是幼儿园发展的核心,也是家长和社会对幼儿园评价的重要标

准。实施目标管理可以帮助幼儿园更加注重教育质量的提升。通过制定具体的教育目标并对其进行跟踪评估,可以及时发现教育教学中存在的问题并采取有效措施进行改进。同时,目标管理可以促进教职工之间的合作与交流,分享教育教学经验和创新实践,进一步提高教育质量,满足家长和社会对优质幼儿教育的需求。

(五)目标管理有助于实现组织与个人目标的双赢

目标管理的核心理念是将组织目标与个人目标相结合,通过实现个人目标来推动组织目标的实现。在幼儿园中,实施目标管理可以使教职工更加明确自己的职业发展目标和幼儿园的整体发展方向,从而在工作中注重个人与组织的利益双赢。同时,通过目标的调整和改进,可以使幼儿园更加关注教职工的职业成长和教育需求,提供更加良好的发展环境和激励机制,进一步促进教职工的个人发展和幼儿园的整体进步。幼儿园实施目标管理的意义和作用是多方面的。通过实施目标管理,可以提高管理效率、激发教职工的积极性、促进组织文化建设、提升教育质量以及实现组织与个人目标的双赢。因此,幼儿园应当积极推进目标管理工作,制定科学的目标管理体系并加强监督评估,以促进幼儿园的持续发展和教育教学质量的不断提高。

三、幼儿园目标及目标确立

(一)幼儿园总体目标的结构

幼儿园的工作目标就是幼儿园的总体目标。幼儿园的总体目标是由幼儿园的性质及其职能决定的。幼儿园的工作概括起来包括两大部分:教育工作和管理工作,两者有着各自具体而直接的目标,也即教育目标和管理目标。

1. 幼儿园的教育目标

《中华人民共和国教育法》对我国的教育目的有明确的表述:"培养德、智、体等方面全面发展的社会主义事业的建设者和接班人。"在幼儿教育阶段,这一目的表述为:"对幼儿实施体、智、德、美诸方面全面发展的教育,促进其身心和谐发展。"《幼儿园工作规程》中第一章第三条以"任务"的形式做了概括性的表达,将目标作为任务的指向包含到任务中,把侧重点放在了目标的实现上。该章的第五条提出了幼儿园体、智、德、美教育各方面的具体目标,对幼儿园教育目标的内容做出了比较详细的规定,体现了国家、社会对新生一代要求的总方向。

幼儿园应根据国家规定的幼儿园教育总目标,同时结合本园实际情况,确立本园幼儿教育的目标,并将目标逐层转化,即转化为年龄班教育目标;学期教育目标;月计划或周计划的教育目标;幼儿园一日生活,或一个活动,或一节课的教育目标。通过目标的层层具体转化,形成对幼儿发展的具体要求,由教师操作实施,以实现幼儿个体的真实发展,从而最终实现教育目标。

2. 幼儿园的管理目标

教育目标是幼儿园的核心导向,它体现了幼儿园存在的根本价值,即为社会培养出合格的人才。这一目标的实现,必须依赖于有效的管理活动。幼儿园的管理工作,实质上是对幼儿园的人力、物力、财力等资源进行组织、指导、协调与控制的过程。这一过程的目标,是确保教育目标的顺利实施。

具体来说,幼儿园的管理工作涉及多个方面。第一,需要建立一套完整的组织机构,明确园长、教师以及各类工作人员的职责,以确保教育工作的有序进行。第二,制定一系列的规章制度,对园内的各项工作进行规范和约束,保证教育质量的稳定。再者,实施科学合理的计划管理,对教育活动进行有效的规划和控制,确保教育目标的实现。此外,加强师资队伍建设,提高教师的专业素质和教育技能,也是管理工作的重要内容。同时,改善办园条件,为幼儿提供更好的学习和生活环境,也是管理工作中不可或缺的一部分。而这些管理活动的预期成果和标准,就是我们所说的管理目标。管理目标决定了幼儿园的办学规格和水平,是幼儿园发展的方向标。通过明确的管理目标,我们可以更好地指导幼儿园的发展方向,提高教育质量,为社会培养出更多优秀的人才。

3. 教育目标和管理目标的关系

教育目标是幼儿园的基石,是制定管理目标的基石。它不仅为幼儿园的管理工作提供了方向,也是确保教育目标得以实现的重要保障。管理目标与教育目标是紧密相连的,它们共同服务于幼儿园的发展,并致力于实现教育的最终目的。

管理目标和教育目标在本质上是一致的,都是为了实现幼儿园的总体教育目标。管理目标是教育目标的具体化,通过有效的管理活动,确保教育目标的顺利实施。同时,教育目标也是管理活动的最终归宿,所有的管理工作都是为了实现教育目标,促进幼儿的全面发展。

幼儿园的所有工作都应以教育目标为核心,这是幼儿园管理的出发点和归宿。通过合理的管理活动,确保教育目标的实现,同时也反映了整个管理工作的成果。因此,幼儿园的工作目标不仅包括教育目标,还应包括各项管理活动的质量标准,从而形成一个全面、综合的目标体系。在制定幼儿园的工作目标时,我们需要持有正确的办园、办教育的指导思想,确保管理目标与教育目标的整合一致。只有当两者相互协调、相互支持时,才能实现幼儿园的可持续发展,为幼儿提供更好的教育和成长环境。

(二)确立幼儿园目标的依据及要求

幼儿园目标体系的构建,深刻地反映了该组织及其成员所秉持的价值观念。这涉及教育的目的、人才培养的理念以及服务对象等核心问题。管理者的价值观取向直接决定了其指定目标的合理性和有效性,进一步影响到幼儿园的整体发展方向和社会定位。

在设定幼儿园目标时,必须对园内外的环境进行深入分析,并处理好上级指导方针、社会需求与幼儿园实际情况等多方面的关系。一个合理的目标应当既具有前瞻性,又具备实际可行性,这样才能真正激发全园教职工的积极性,促使他们为实现目标而努力奋斗。

幼儿园总体目标的制定,应当经过上下级之间的充分沟通,确保领导者、管理者与全体教职工对目标形成共识。这样的目标才能真正成为园所发展的共同指向,从而确保各项工作的顺利开展。

1. 确立幼儿园目标的依据

幼儿园确立总体目标,进行组织的目标定位,归纳起来,主要需要考虑两个方面的因素,即分析环境和认识自己。在确立组织目标时,只有知己知彼,方能百战不殆。

(1)分析环境。环境是幼儿园发展的外部条件,它包括了组织外部的各类因素,如理论研究动向、国家方针政策以及社会发展的背景等。在制定幼儿园目标时,我们需要将教育置于社会发展的宏观背景下进行考量,以形成准确的认识。为了确保幼儿园管理目标的正确性和前瞻性,我们需要学习和深入领会党和国家的有关方针政策,尤其是教育方针和幼儿园法规。这些政策文件是制定幼儿园工作目标及计划方案的重要依据,有助于确保幼儿园的发展方向与国家的要求保持一致。

在制定管理目标时,我们需要参考和借鉴相关的教育和管理理论,以及最新的教育研究动向。这些理论依据有助于我们把握教育发展的内在规律,并预测未来的发展趋势。通过深入的理论研究,我们可以为幼儿园的目标制定提供科学的指导。

社会环境是幼儿园生存和发展的基础,它为幼儿园提供了广阔的活动空间。在制定目标时,我们需要对环境条件进行深入的分析和预测,从而为组织进行目标定位和制定可行的行动方案提供依据。

为了确保目标的合理性和可行性,我们在制定目标、做计划时需要进行充分的调查研究。通过收集和整理相关的信息,进行系统的分析和加工,我们可以全面了解情况,做到心中有数。例如,我们需要了解社会政治、经济、文化的发展趋势及其对幼儿园的影响;了解幼儿园所在社区的人口结构和未来发展趋势;了解周边社区的环境条件和居民对幼儿教育的需求状况;以及关注教育改革的趋势及其对幼儿园的潜在影响等。通过对幼儿园未来的科学预测,我们可以制定出更加明确和有针对性的目标,并做出相应的总体规划。

(2)认识自己。在制定幼儿园目标时,深入分析组织自身的实际条件至关重要。这涉及主观和客观两方面的考量。客观条件主要包括幼儿园所拥有的人力、物力、经费等硬性条件。例如,幼儿园的经济实力与物质条件,特别是教工的基本状况、教师的素质和业务水平。这些是幼儿园实现目标的基础。

而主观条件则主要关注幼儿园已有的工作基础、已取得的成绩和存在的问题,以及薄弱环节或不足等软性条件。例如,幼儿园的原有经验、办园历史和传统特色,以及全园教职工的士气或工作状态、幼儿园的工作氛围和凝聚力等。这些软性条件反映了幼儿园的文化和精神面貌,对于目标的实现起到关键的作用。

目标、方案的制定必须从本幼儿园的实际工作情况出发,确保其可行性和实际操作性。管理者需要认真分析本园的实际情况,并结合对外部环境的分析,综合考虑社会环境的变革对幼儿园的生存发展提出的挑战和提供的发展机会。

面对挑战和机遇,管理者需要深入思考幼儿园自身的优势和劣势,以及如何迎接挑战、抓住机遇。这要求管理者对幼儿园的实际情况进行全面的分析,识别出幼儿园的核心优势和需要改进的方面,从而制定出切实可行的目标和发展计划。

2. 确立幼儿园目标的要求

在确立幼儿园的管理目标时,我们需要遵循一些重要的原则和要求。这些原则和要求确保目标的有效性和可行性,为幼儿园的健康发展提供明确的指引。

第一,实事求是和一切从实际出发的原则是制定管理目标的基础。这意味着目标必须是基于幼儿园实际情况的,主观与客观相统一,符合客观事物的发展规律及趋势。尊重历史和现实,全面系统地了解幼儿园实际情况及其所处的社会环境中的各方面情况,是制定实事求是目标的关键。通过这样的分析,我们可以为幼儿园的发展制定出既有先进性、挑战性,同时又有实现可能性的目标。

第二,充分的信息量是制定目标的重要依据。信息在管理目标的制定中起着至关重要的作用。只有掌握了充分的信息,目标的确立才能保证含有充分的信息量,从而使管理目标的制定具有客观性、整体性。这要求我们在制定目标时进行深入的调查研究,收集和分析各种相关信息,确保目标的合理性和可行性。

第三,体现办园特色是制定管理目标的另一个重要要求。每个幼儿园都有自己独特的办学理念和传统,这是幼儿园发展的核心和灵魂。在制定管理目标时,我们需要充分体现这些特色,并根据自身条件和传统去主动适应环境,寻求最佳的生存状态。通过长期而扎实的工作,逐渐形成有别于其他幼儿园的组织文化和特色,这是幼儿园发展的重要驱动力。

第四,在制定管理目标时,我们还需要注重目标的可行性和可操作性。目标不仅要有明确性、具体性,还要考虑幼儿园的实际情况和资源条件,确保目标是经过一定的努力才可以达到的。同时,目标的实施方案也应当详细、具体,以便教职工能够按照计划逐步实现目标。

四、幼儿园目标管理过程

幼儿园各项管理工作基本上是按照计划—实行—检查—总结这样的顺序进行的。幼儿园目标管理是依照目标确定—目标展开—目标实施—目标考评的顺序运行的。实际上,目标管理过程就是目标管理实行的活动程序、步骤及方法,是与一般管理过程基本一致的,或者说二者表现为同一过程。幼儿园目标管理过程具体如下:

(一)计划阶段

计划阶段包括论证决策、协商分解和定责授权三项活动。

1. 论证决策

决策论证是目标管理的核心环节,旨在确保所选目标既符合组织的使命与愿景,又能适应外部环境的变化。它涉及对上级任务的理解、对未来的预测、深入的调查研究以及对各种目标的细致比较分析等。在此过程中,需要确保目标方向正确、具体明确,且可行性强。

幼儿教育是一项长期而复杂的任务,因为幼儿的全面发展需要长时间的投入和多方面的努力。幼儿园的管理工作,作为这一过程的组织与协调者,同样也是一个长期的过程。这涉及幼儿园整体水平的提升、硬件设施的完善、师德教育以及对幼儿全方位的教育等多个方面。因此,幼儿园需要有长期的发展规划,以便从宏观角度全面规划各项工作,确保每一步措施都能有序推进。

在实践中,很多幼儿园在体制改革中实施了园长任期目标责任制。这为幼儿园制定长远目标提供了契机。园长任期通常为 3~5 年,幼儿园可以结合这一期限规划幼儿园的远景目标。这样的目标不仅使园长对管理工作有明确的蓝图和方向,同时也能激发全园教职工的工作热情和团队精神,促使大家共同努力实现目标。

幼儿园的总体战略目标,也称为观念性目标,它是一种指引方向、激发斗志的口号。然而,仅有这样的口号是不够的。为了确保目标的可操作性,还需要将这些观念性目标或口号细化为具体的年度目标、可实施的工作计划和措施。这样,目标才能真正落地生根,为幼儿园的持续发展提供坚实的支撑。

2. 协商分解

一旦确立了幼儿园管理的总目标,便明确了幼儿园管理的基本方向和核心任务。在此基础上,将总目标逐步分解更具体、更具操作性的子目标,从而构建起一个层次分明、相互关联的目标体系。这一过程作为目标管理的重要环节,其执行效果直接影响到目标实施的整体效果。

为了确保目标的有效实施,需要进一步将目标细化并落实到组织中的每个成员。这意味着每个成员都应明确自己在实现总体目标中的具体职责和工作任务。通过协商和讨论,将幼儿园的总体目标逐层分解为各部门和个体成员的具体目标。这一过程使得总体目标得以转化为一整套详尽、可操作且便于评估的具体目标,从而形成一个完整的目标体系。构建目标体系时,需要遵循以下要求:第一,各分目标必须与总体目标保持一致,确保内容的连贯性和逻辑性;第二,同一层次的各分目标之间在内容和时间安排上应相互协调,避免冲突和矛盾;第三,各分目标应简洁明了,具有明确的指标值(定性与定量)以及明确的完成时限。

3. 定责授权

在目标分解、协商的基础上,还需要实行定责授权,建立目标责任体系。具体内容是使每个员工都明确自己应干的工作、应负的责任及应有的权力和利益。还应明确各部门和每个教职工的具体责任范围、任务、内容、数量、质量、时间要求和达到的程度等。

(二)实施阶段

在目标管理的实施阶段,主要涉及目标的具体执行过程,包括咨询指导、检查控制和调节平衡三个关键环节。

1. 咨询指导

咨询指导是目标管理活动中具有特色的管理行为,强调赋予下属更多的自主权。因此,管理者在目标实施过程中更倾向于提供指导和建议,而非直接地命令和控制。这一环节重视提供资源和支持,以协助下属解决问题,充分发挥他们的主观能动性。

2. 检查控制

检查控制不仅仅是对下属工作结果的简单检查,更侧重于确保管理者向下级授予的权力和提供的资源是否到位。控制是通过反馈机制来纠正偏差的管理行为,目标管理的控制特别强调员工的自我控制。在实施控制时,应注重关键方面的监控,避免对细节的过度干涉,以确保整体目标的顺利实现。

3. 调节平衡

调节平衡是指在目标实施过程中,确保目标进度与人、财、物等资源的协调一致。这一环节注重横向协调,以优化资源配置和提高计划的均衡性。通过有效的调节平衡,可以减少资源冲突和计划不均的现象,从而保障目标的顺利实施。

(三)检查、总结阶段

1. 考核与评价

考核与评价是目标管理流程的重要环节,主要依据预先设定的目标和标准,对目标实施的结果进行全面的评估和审核。通过对实际成果与目标计划进行比较,我们可以准确判断目标完成的情况,进而对管理绩效做出客观的评价。

2. 奖惩实施

奖惩实施是指在考核与评价的基础上,根据目标成果和预先制定的奖惩制度,对各个目标责任主体(集体或个人)进行适当的奖励或处罚。通过这种激励和约束机制,可以达到鼓励先进、鞭策后进的目的,进而激发整个组织的工作积极性和创造力。

3. 经验总结

经验总结是对目标管理过程进行全面反思和总结的环节。在这一过程中,我们不仅要总结目标实施过程中的成功经验,还要深入分析存在的问题和不足。这些经验和教训可以为制订下一阶段的目标计划提供宝贵的参考,同时也有助于优化未来的工作策略和方法。

以上三个环节相互关联、相互影响,共同构成了一个完整的目标管理过程。它们之间形成了一个不可分割的有机整体,彼此之间相互影响、相互依赖。通过这一系列环节的有机运作,我们可以确保目标管理的有效性和持续性,推动组织不断向前发展。

第四章 混龄教育中的家园共育

第一节 家园共育的基本问题

一、家园合作共育的必要性

随着社会的进步和教育的发展,人们越来越认识到家园合作共育在幼儿教育中的重要性。幼儿教育是一个复杂而多元的系统工程,它涉及家庭、幼儿园、社区等多个方面。其中,家庭和幼儿园作为幼儿成长的重要环境,其合作共育的必要性不言而喻。

第一,家园合作共育有助于促进幼儿全面发展。幼儿的发展是一个整体的过程,不仅包括知识的学习,还有情感的体验、社会性的发展等方面。家庭和幼儿园作为幼儿生活中最重要的两个场所,其教育理念、方式、环境等都会对幼儿的发展产生深远的影响。只有家庭和幼儿园相互配合、协调一致,才能更好地促进幼儿的全面发展。第二,家园合作共育有助于提高家长的教育素质。家长是孩子的第一任教育者,其教育观念和方式直接影响孩子的成长。通过与幼儿园的互动,家长可以更加深入地了解孩子的成长规律和特点,学习到更加科学的教育方法,从而提高自身的教育素质。同时,家长也可以通过参与幼儿园的教育活动,更好地了解幼儿园的教育理念和教学方式,从而更好地配合幼儿园的工作。再次,家园合作共育有助于加强社区文化建设。幼儿教育不仅是家庭和幼儿园的事情,也与整个社区的发展息息相关。通过家园合作共育,可以更好地整合社区资源,发挥社区文化的优势,为幼儿营造一个更加健康、和谐的成长环境。同时,家园合作共育也有助于加强社区之间的交流与合作,促进社区的和谐发展。

然而,当前家园合作共育还存在一些问题。一方面,一些家长对幼儿园的教育方式和内容不够了解,导致无法有效地配合幼儿园的工作;另一方面,一些幼儿园与家庭的沟通渠道不够畅通,无法及时反馈幼儿在园的表现和问题。因此,我们需要采取有效的措施来加强家园合作共育。为了加强家园合作共育,我们可以采取以下措施:

1. 建立有效的沟通机制

幼儿园可以通过定期召开家长会、建立家长微信群等方式,及时向家长反馈幼儿在园的表现和问题,同时了解家长的意见和建议,加强双方的沟通和协作。

2. 开展丰富多彩的亲子活动

幼儿园可以组织各种亲子活动,如运动会、文艺演出等,让家长更加深入地了解幼儿园的教育理念和教学方式,同时增进亲子之间的感情。

3. 提高家长的教育素质

幼儿园可以通过开设家长学校、邀请专家举办讲座等方式,帮助家长提高自身的教育素质,引导家长树立正确的教育观念。

4. 发挥社区资源优势

幼儿园可以与社区内的各种机构和人士建立合作关系,共同开展各种有益于幼儿成长的活动,如参观博物馆、听音乐会等。

二、家园合作共育的可能性

随着教育理念的更新和家长参与度的提高,家园合作共育在幼儿教育中的可能性越来越大。家庭和幼儿园作为幼儿成长过程中的两个重要环境,其合作共育不仅有助于提高幼儿教育的质量,还有助于促进家庭与幼儿园之间的互信与合作。

第一,现代家庭教育观念的转变是家园合作共育的重要基础。越来越多的家长意识到自身在幼儿教育中的重要角色,开始积极参与孩子的教育过程。这种转变使得家长更加愿意与幼儿园进行合作,共同促进孩子的成长。同时,家长的教育素质也在不断提高,为家园合作共育提供了更多的可能性。

第二,幼儿园教育模式的创新为家园合作共育提供了更多机会。随着教育改革的深入,幼儿园不再是一个封闭的教育环境,而是更加注重与家庭、社区的合作。这种开放式的教育模式为家园合作共育提供了更多的机会和平台。例如,幼儿园可以邀请家长参与课程设计、组织亲子活动等,让家长更加深入地了解幼儿园的教育理念和教学方式。

再次,信息技术的发展为家园合作共育提供更多途径。现代信息技术的发展使得家庭与幼儿园之间的沟通更加便捷。通过互联网平台,家长可以随时了解孩子在园的情况,与幼儿园进行在线交流。这种交流方式不仅可以提高沟通效率,还可以增强家庭与幼儿园之间的互动与合作。

此外,政府政策的支持也为家园合作共育提供了有力保障。政府越来越重视幼儿教育的发展,制定了一系列政策鼓励家庭与幼儿园之间的合作。例如,政府可以提供专项资金支持家园合作共育项目,为家长和幼儿园提供更多的合作机会和资源。家园合作共育在幼儿教育中具有很大的可能性。通过转变家庭教育观念、创新幼儿园教育模式、利用信息技术和政府政策的支持等措施,我们可以更好地促进家庭与幼儿园之间的合作与交流,为幼儿的全面发展提供更加优质的教育环境。

第二节　家园共育的原则、方式、策略及途径

一、家园共育的原则

(一)平等原则

在幼儿教育体系中,幼儿家长和教师分别承载着家庭和幼儿园两大环境的教育职责。本质上,他们都是教育的推动者,共同作用于孩子的全面发展。然而,在传统观念的影响下,教师往往将自己定位为教育的权威,而将家长视为单纯的受教育者和指令的执行者。这种观念不仅削弱了家长在教育过程中的主体性,还导致了家园之间的隔阂,不利于孩子的整体发展。

对于混龄教育而言,这种传统的教育观尤为不利。幼儿的能力结构、层级结构和互动结构都已经呈现复杂化趋势。在这样的背景下,放弃家长这一宝贵的教育资源无疑是短视的。因此,幼儿教师需要重新审视自己在教育过程中的角色,真正意识到家长是不可或缺的教育伙伴。为了实现家园之间的深度合作,教师应第一转变观念,明确家长工作的核心目标是与家长共同为孩子奠定坚实的教育基础。在此基础上,教师与家长应建立平等、互信、互学和互助的关系,形成真正的教育共同体。只有这样,才能确保孩子在家庭和幼儿园两大环境中都能得到最佳的教育引导,为其未来的发展奠定坚实的基础。

(二)倾听原则

在幼儿教育环境中,教师与家长之间的沟通是促进家园共育的重要环节。其中,倾听是沟通的核心要素,也是建立互信关系的关键。对于教师而言,耐心倾听并理解家长的需求与观点,不仅是建立良好合作关系的基石,也是提升家园沟通有效性的前提。

为了实现有效的倾听,教师在沟通过程中应遵循以下几点原则:

1. 克服自我中心

教师应避免在沟通过程中过于强调自己的观点,而是要将家长的需求置于中心位置,确保家长感受到被重视和尊重。

2. 克服自以为是

教师应保持开放心态,避免过早下结论或否定家长的意见,而是要以客观、中立的态度对待家长的见解。

3. 尊重对方

确保家长能够充分表达自己的观点和需求,不打断、不评价,给予充分的倾诉机会。

4. 不急躁激动

在倾听过程中,教师需要保持冷静,避免因情绪波动而影响对信息的准确理解。

5. 避免偏见与成见

教师应尽量客观地理解家长的话语,避免先入为主的观念或偏见,确保准确把握家长的真实意图。

通过遵循上述原则,教师不仅可以更加深入地了解家长的需求和期望,还可以建立起更加紧密、信任的合作关系,为幼儿的全面发展创造更加有利的环境。

(三)换位原则

在幼儿教育实践中,教师与家长之间的沟通不仅是信息的传递,更是双方情感的交流和教育观念的碰撞。为了确保沟通的有效性,教师需要学会换位思考,站在家长的角度去审视和解决问题。换位思考在沟通中的作用不容忽视。当教师尝试从家长的角度出发,去关注和了解家长的期望、担忧和困惑时,不仅能更准确地捕捉家长的需求,还能调整沟通的方式和策略,确保信息传递的准确性和有效性。这种沟通方式在混龄教育环境中尤为重要。在混龄集体中,教师需要全面、客观地评价每个孩子的发展状况,并给予家长有针对性的指导和建议。通过换位思考,教师能更深入地理解家长的关注点,为家长提供更具科学性和针对性的育儿建议。

(四)互动原则

在幼儿教育体系中,家庭、幼儿园和社区之间的互动合作对于实现全面教育目标至关重要。这种互动模式强调三者之间的相互配合与资源共享,旨在共同促进幼儿的综合发展。

在家庭与幼儿园的互动中,教师和家长的角色是同等重要的。双方应秉持开放、平等的态度,积极开展交流与沟通。通过分享教育理念、经验和资源,双方能够形成教育合力,为幼儿提供更为丰富和适宜的教育环境。

而在幼儿园与社区的互动中,幼儿园应发挥主导作用,充分利用社区资源来补充和拓展幼儿教育的形式与内容。社区作为一个多元、开放的环境,能为幼儿提供丰富的实践机会和文化体验。幼儿园与社区的互动应充分发挥双方的优势,实现资源共享和功能互补,以促进幼儿的全面发展。

(五)信任原则

信任是指教师与家长彼此相信而敢于托付,信任是架设在教师与家长之间的桥梁。针对混龄教育的实际情况,教师容易认为自己是幼教专业工作者,是某种意义上的权威,对不同年龄跨度的孩子有着很好的整体把握,认为家庭教育只是从属于幼儿园教育;而家长容易认为幼儿园只是看孩子的地方,自己才是最爱孩子的,是真正为孩子好的。教师应相信家长对孩子的爱,相信家长沟通的真诚性,家长也应信任教师教书育人的良好出发点。双方要坦诚沟通,都是为了促进幼儿身心和谐发展。

(六)理解原则

理解就是用自己的体会去感受对方的想法。教师要善于与不同类型的家长相处,虚心地听取家长的意见和要求,平等友好地与家长沟通和交流。教师和家长在教育过程中难免会出现认识上的分歧和行为上的差异,需要双方相互尊重,以友好的态度进行沟通。工作中遭到家长误解时,教师要保持冷静,善于自控;遇到矛盾时教师要主动反思,并为畅通沟通渠道做出努力。家长和教师对幼儿的教育虽然存在差异,但目标是一致的,所以双方应相互理解,在教育过程中实现观念一致、行动一致、相互配合。

(七)尊重原则

教师要认识到家庭教育是幼儿教育的重要组成部分。家庭是幼儿出生后的第一个和接触时间最长的生活环境,家长与孩子是血缘关系,其间有着深厚的亲情。家庭教育渗透在家庭生活的方方面面,家庭环境对幼儿的发展起着潜移默化、深刻的影响,特别是对品德、个性、行为习惯等方面影响很大。教师要尊重家长,理解家长的心情,体察家长的需要。

二、家园共育的方式

（一）邀请式

作为专业的幼儿教育机构，幼儿园应当主动邀请社区工作人员、志愿者、家长参与到幼儿园的各项活动中，协助完成教育与保育工作，形成家园、社区共育的局面，共同促进幼儿的发展。同时，社区也可以邀请家长带孩子一起参加社区的一些活动，如关爱老人、特殊节日庆祝等，以帮助孩子形成良好的品德以及集体荣誉感与归属感。

（二）走进式

幼儿园可以充分发挥自身的教育优势，主动走进社区、家庭开展早教工作。针对社区和不同家庭的需求，开展有针对性的活动，如走进残疾人家庭、困难家庭、单亲家庭等，为不同年龄段的幼儿提供科学指导。通过这种方式，幼儿园可以更好地满足社区和家庭的需求，提高幼儿教育的普及率和质量。

（三）开放式

幼儿园可以主动开放自身教育资源，为社区和家庭提供服务。幼儿园开放的主要目的是实现教育资源共享，因此，应定期为社区幼儿提供游戏场所和玩具。在时间安排上，可以采取半日开放、全日开放等形式；在开放内容上，可以涉及图书阅览室开放、图书借阅、玩具共享、节日庆祝等。此外，幼儿园还可以定期组织家长参加家长学校的学习，帮助他们树立正确的幼儿观、教育观，提高科学育儿水平。通过资源共享和交流合作，可以实现幼儿园与社区、家庭的共赢局面。

（四）体验式

幼儿园可以与社区合作，根据近期的教育目标举办一些家长参与的活动。家长可以根据自己的职业能力和兴趣特长进行报名，通过与幼儿一起活动，感受与孩子一起成长的快乐。这样可以实现家园共促幼儿发展的目的。同时，社区工作人员、家长和教师可以在活动中互换角色，换位体验，亲身体验不同的教育效果。通过这种体验式的方式，家长和社区的志愿者可以在幼儿园以教师的角色出现，亲身参与活动的全过程，深刻体验教师平时的教育过程，并客观地了解幼儿在活动中的表现及能力发展情况，更好地促进幼儿的个性发展。

三、家园共育的策略

在幼儿教育体系中,家庭和幼儿园作为两大核心环境,对幼儿的成长具有深远影响。随着教育观念的不断更新,家园共育已成为幼儿教育发展的必然趋势。为了实现家园之间的紧密合作,确保幼儿在家庭和幼儿园两大环境中都能得到优质的教育,以下是对家园共育策略的深入探讨。

(一)明确家园共育的价值与意义

家园共育强调家庭与幼儿园在幼儿教育过程中的平等地位,双方应共同承担教育责任,形成教育合力。家庭是幼儿成长的第一个环境,而幼儿园作为专业的教育机构,拥有丰富的教育资源和经验。

(二)教师与家长建立互信关系

教师在家园共育中扮演着关键角色。教师应主动与家长建立良好的互信关系,了解家长的期望和需求,同时向家长传递正确的教育观念和方法。通过有效的沟通,教师可以更好地理解家长的需求,家长也能更深入地了解幼儿园的教育理念和实际运作。

(三)组织丰富多样的家园共育活动

为了增强家园之间的互动,幼儿园可以组织各种形式的活动,如家长会、亲子活动、开放日等。这些活动不仅有助于增强家庭与幼儿园之间的联系,还能让家长更直观地了解孩子在园中的表现。同时,幼儿园可以邀请家长参与课程设计、活动策划等,充分挖掘家长的资源和潜力。

(四)提高家长的教育素养

家长作为孩子的第一任教育者,其教育观念和方法对孩子的成长至关重要。幼儿园有责任对家长进行适当的引导和培训,如定期开展家长学校、育儿讲座等活动,帮助家长更新教育理念、提高育儿能力。同时,幼儿园还可以设立家长咨询热线、家长志愿者等项目,鼓励家长积极参与园内活动,增强家庭教育的实效性。

四、家园共育的途径

在幼儿教育体系中,家庭和幼儿园是两个不可或缺的教育场所。为了确保幼儿在家庭和幼儿园中都能得到良好的教育和关心,建立有效的家园共育途径显得尤为重要。这些途径不仅有助于加强家庭与幼儿园之间的联系,更能为幼儿的健康成长搭建起坚实的桥梁。

(一)建立健全的家委会与园委会

家委会和园委会是幼儿园与家庭之间的桥梁,负责沟通、协调双方关系。通过定期召开家委会会议,家长可以了解幼儿园的教育计划、活动安排等,同时为幼儿园的发展提供建设性意见。而管委会则能及时掌握家长的诉求,为家长答疑解惑,共同推动幼儿教育事业的发展。

(二)定期开展家长会与家长学校活动

家长会是幼儿园向家长汇报教育工作的窗口,也是家长参与幼儿园管理的平台。通过家长会,教师可以了解家长的育儿观念和方法,同时向家长传递正确的教育理念。而家长学校则是提高家长教育素养的重要场所,通过专家讲座、经验分享等形式,帮助家长掌握科学育儿的方法和技巧。

(三)利用信息技术手段加强沟通与交流

随着信息技术的发展,家园之间的沟通方式也更加多样化。幼儿园可以建立网站、微信群、APP 等平台,及时发布园内动态、育儿知识等信息。这种即时、便捷的沟通方式可以打破时间和空间的限制,让家长随时参与到孩子的教育中来。此外,教师可以通过这些平台为家长提供个性化的育儿指导,增进双方的了解与信任。

(四)邀请家长参与课程与活动设计

家园共育强调家庭与幼儿园在教育过程中的平等地位。因此,邀请家长参与课程与活动设计是十分必要的。通过让家长参与课程策划、活动组织等工作,可以充分挖掘家长的资源和潜力,同时增强家长对幼儿园教育的认同感和责任感。这种合作模式还能促进家庭与幼儿园之间的深度交流与理解,为幼儿创造更加和谐的教育环境。

第三节　家园共育的相关实践和探索

一、通过家园共育推进幼儿德育

幼儿德育是塑造儿童良好品德和行为习惯的关键。在这一过程中,家庭和幼儿园作为幼儿成长的两大环境,各自承担着不可或缺的教育职责。本节将深入探讨如何通过家园共育有效推进幼儿德育的实施。

(一)明确德育目标与内容

在推进家园共育的过程中,第一需要明确德育的目标与内容。这些目标与内容应与幼儿的身心发展特点相契合,同时考虑到家庭和幼儿园两大教育环境的实际情况。例如,针对幼儿阶段常见的礼仪教育、诚实守信等品质的培养,家庭和幼儿园应共同制订相应的德育计划和实施方案。

(二)建立有效的沟通机制

家园之间的有效沟通是实现德育目标的关键。这需要双方建立起定期沟通的机制,如家长会、家园联系本、微信群等。通过这些渠道,家庭和幼儿园可以及时交流幼儿在德育方面的表现,共同探讨改进措施。此外,双方还可以分享德育方面的经验和资源,以实现教育效果的优化。

(三)发挥家庭教育的优势

家庭教育在幼儿德育中具有独特的地位。家长作为孩子的第一任教育者,其言行举止对孩子的品德形成具有深远影响。因此,幼儿园应积极引导家长树立正确的德育观念,掌握科学的德育方法。例如,通过家长学校、专家讲座等形式,帮助家长了解德育的重要性,提高其德育实践能力。

(四)丰富德育活动与实践

德育的实施需要借助多样化的活动和实践。家庭和幼儿园可以共同设计和组织各类德育活动,如节日庆典、志愿服务、亲子互动等。这些活动可以为幼儿提供丰富的实践机会,让他们在亲身参与中感受道德情感、培养良好品质。同时,活动的设计应注重幼儿的主体性和参与性,鼓励他们在活动中自主探索、体验和成长。

（五）加强教师与家长的协作

教师是幼儿园实施德育的主要力量。为了实现家园共育的有效推进，教师应积极主动地与家长进行协作。这要求教师不仅要关注幼儿在园的表现，还要了解家庭背景、家庭教育情况等信息，以便更好地指导家长进行德育实践。同时，教师还应不断提升自身的德育专业素养，为家长提供科学、专业的德育指导。

二、通过家园共育培养幼儿良好的同伴关系

（一）建立良好的家庭氛围

家庭是幼儿成长的第一个环境，良好的家庭氛围对于幼儿同伴关系的培养至关重要。家长应该为孩子提供一个温馨、和谐的家庭环境，让孩子感受到家庭的温暖和支持。同时，家长还应该注重培养孩子的独立性和自主性，鼓励孩子自主解决问题和与同伴交往，让孩子在实践中锻炼社交能力。

（二）加强家长与教师的沟通与合作

家长和教师是幼儿教育的重要力量，双方应该加强沟通与合作，共同促进幼儿同伴关系的发展。教师可以通过家长会、家园联系本等方式及时向家长反馈孩子在园的表现和需要，同时了解孩子在家庭中的情况。家长也可以向教师反映孩子在同伴交往中遇到的问题和困难，寻求教师的帮助和建议。通过双方的合作，可以更好地指导孩子处理同伴关系中的问题，促进其健康发展。

（三）组织丰富多彩的亲子活动

亲子活动是促进家庭成员之间互动和交流的有效方式，同时也是培养幼儿同伴关系的良好途径。通过这些活动，孩子可以结识到更多的同龄伙伴，拓宽社交圈子，同时也可以在实践中锻炼社交技能。家长也可以通过这些活动了解孩子的同伴交往情况，给予及时的引导和帮助。

（四）培养孩子的社交技能

社交技能是幼儿同伴关系培养的关键。家长和教师可以通过日常生活中的游戏、活动等方式，教孩子学习如何与人交往、如何表达自己的情感和意愿、如何处理人际关系等社交技能。同时，还应该鼓励孩子参加集体活动和团队

运动,让孩子在实践中锻炼团队合作和沟通协调能力。

(五)关注孩子的心理需求

幼儿同伴关系的培养不仅仅是社交技能的培养,更重要的是关注孩子的心理需求。家长和教师应该关注孩子的情感状态和心理健康,及时发现孩子在同伴交往中的问题和困惑,给予孩子情感支持和心理疏导。同时,还应该鼓励孩子积极面对挑战和困难,增强其自信心和适应能力。

第五章　混龄教育中集中教育活动的开展

第一节　集中教育活动的设计与规划

一、明确集中教育活动的基本要求

(一)重新定位:家园共育的深层价值

在家园共育的框架下,家庭和幼儿园不再是独立的个体,而是共同参与幼儿教育的合作者。双方需要意识到,良好的同伴关系不仅是教育的目标,更是促进幼儿全面发展的手段。因此,双方应加强沟通与合作,共同制定教育策略,确保幼儿在同伴交往中得到充分的发展。

(二)策略调整:以幼儿为中心的全方位策略

1. 个性化引导

针对不同幼儿的性格特点和交往需求,制定个性化的教育方案。例如,对于较为内向的幼儿,可以设计一系列鼓励其主动参与的游戏和活动。

2. 情景模拟与实践

创设多种情境,让幼儿在模拟实践中学习如何与同伴交往。例如,角色扮演游戏可以让幼儿体验不同的社交角色,提高其同理心和沟通技巧。

3. 强化家庭教育环节

定期开展家长教育活动,引导家长正确处理幼儿间的冲突,教授家长如何在家中培养孩子的社交能力。

(三)技术升级:数字化工具的融入

随着技术的发展,数字化工具为家园共育提供了新的可能。例如,利用智能设备进行远程家长会、在线互动课程等,可以加强家庭与幼儿园之间的实时沟通,确保教育的一致性和连续性。

(四)持续反馈与评估

建立完善的反馈与评估机制,定期对幼儿同伴关系的发展状况进行评估,并根据评估结果调整教育策略。同时,鼓励家长和幼儿自身提供反馈,形成一个多方参与、共同成长的动态评估体系。

(五)师资培训与社区参与

加强师资培训,确保教师具备处理幼儿同伴关系问题的专业知识和技能。此外,鼓励社区参与,利用社区资源为幼儿同伴关系的发展提供更多实践机会。

结论:通过深度融合家园共育的理念和方法,我们可以更有效地促进幼儿同伴关系的健康发展。这不仅有助于幼儿的情感、认知和社会化发展,更对其未来的成长具有深远的影响。

二、精心制订集中教育的计划

同伴关系在幼儿的成长过程中扮演着重要角色,对于其情感、认知和社会性的发展具有深远影响。家园共育作为促进幼儿全面发展的重要手段,在培养幼儿良好的同伴关系方面同样具有不可替代的作用。

(一)备课环节的深化与拓展

1. 教育计划的整合与特色发挥

根据幼儿园的特色和学期教育计划,结合不同年龄幼儿身心发展的特点,精心挑选活动素材,明确教育目标,确保活动的针对性和实效性。

2. 内容设计的科学性与适宜性

确保教育活动中相关知识的准确性,同时要充分考虑混龄教育中不同年龄段幼儿的接受能力和实际需求,注重内容的启发性与生动性。

3. 幼儿需求的细致考量

教师在备课过程中应深入了解不同年龄段幼儿的已有知识经验和发展水平,以更好地满足他们的实际需求,促进其全面发展。

4. 教学方法与手段的多元运用

综合运用多种教学方法和手段,如直观教学、实验教学等,以充分调动幼儿的学习兴趣和积极性,同时注重知识传授的系统性。

（二）课时计划的系统规划与实施

1. 学期集中教育活动计划的全面布局

根据幼儿园教育目标,对整个学期的混龄教育集体活动进行整体规划,确保不同年龄段的幼儿都能得到适宜的教育。

2. 单个集中教育活动方案的精心设计

明确每个活动的主题、目标、步骤、环节等,细分时间安排,综合考虑活动方法和器材的选用,确保活动的顺利进行。

（三）活动准备的具体与周全

1. 材料的充分准备

根据活动需要,提前准备充足的活动用具和素材,确保不同年龄段的幼儿都能获得相应的支持材料。

2. 沟通与协作的强化

加强与其他专业人员的沟通与协作,及时解决材料准备中遇到的问题,确保活动的顺利进行。

3. 预案的制定与实施

针对可能出现的突发情况,制定相应的预案,确保活动的顺利开展。

第二节　集中教育活动的组织与实施

一、幼儿学习特点与集中混龄教育

幼儿阶段的学习特点与集中混龄教育之间存在着密切的联系。了解幼儿的学习特点对于实施有效的集中混龄教育至关重要。

第一,幼儿的学习是情境化的,他们通过与周围环境的互动来获取知识和经验。在集中混龄教育中,教师需要创设丰富的情境,为不同年龄的幼儿提供一个富有挑战和激励的学习环境。这不仅能激发幼儿的好奇心,还能促使他们在与同伴的互动中自然的学习与成长。

第二,幼儿的学习是主动的,他们对于自己感兴趣的事物会表现出强烈的探索欲望。在混龄教育中,教师应鼓励幼儿积极参与活动,发挥他们的主动性。例如,在科学实验中,教师可以让不同年龄的幼儿合作完成,这样不仅能满足他们的探索欲望,还能培养他们的合作与沟通能力。

此外,幼儿的学习还是个性化的。每个幼儿都有其独特的兴趣、特点和需求。在集中混龄教育中,教师应关注幼儿的个体差异,尊重他们的独特性,通过差异化的教学方法和个性化的指导来促进每个幼儿的全面发展。

实施集中混龄教育还需要注意以下几点:

1. 合理分组

根据幼儿的年龄和学习水平进行合理分组,确保每个小组的幼儿都能在同伴的帮助下获得有效的学习体验。

2. 多样化的教学方法

运用多种教学方法和手段,如游戏、故事、音乐、绘画等,激发幼儿的学习兴趣和创造力。

3. 教师的角色定位

教师在混龄教育中应扮演引导者、支持者和合作者的角色,鼓励幼儿积极参与学习过程,并为他们提供必要的帮助和支持。

4. 家长参与

加强与家长的沟通与合作,引导家长积极参与幼儿的教育过程,共同促进幼儿的健康成长。

5. 评价与反馈

及时对幼儿的学习进行评价和反馈,发现他们的进步和不足之处,为进一步的教学提供依据和指导。

幼儿的学习特点与集中混龄教育之间存在着密切的联系。为了更好地实施集中混龄教育,教师应充分了解幼儿的学习特点,关注他们的个性化需求和兴趣爱好,运用多样化的教学方法和手段,引导他们积极参与学习过程。同时,教师还应加强与家长的沟通与合作,共同促进幼儿的健康成长。通过这样的努力,我们相信幼儿能够在集中混龄教育中获得更好的学习体验和发展机会。

二、活动前的准备与检查

鉴于幼儿学习特点与发展需求的多样性,在组织集中教育活动前,我们需要根据活动内容和幼儿的年龄特征,进行相关活动的准备与检查,以确保活动的顺利进行。

(一)活动要素的全面准备与细致检查

在混龄集中教育活动中,由于幼儿年龄差异大且发展水平不一,我们需要对各种活动要素进行充分准备和检查。这些要素包括但不限于教玩具、设施设备、场地以及相关配合人员等。这些要素是开展活动的基础，必须得到充分保障，以满足不同年龄段幼儿的学习需求。

在活动前，我们需要对各种条件进行梳理和检查，确保没有遗漏。同时，为了维护活动的秩序，我们还需要做好相关人员的工作和预案的准备。例如，可以安排其他教师或保育员在活动时提供必要的支持工作，或者制订周密的大带小教育计划，合理安排幼儿的座次或伙伴，利用同伴间的相互影响帮助幼儿遵守常规。

（二）关注幼儿学习状态，进行科学评估

幼儿的学习状态对学习动机和兴趣产生直接影响。因此，在活动开展前，我们还需要对幼儿的学习状态进行观察与评估。这包括了解幼儿的情绪、态度等，判断他们是否适合参与集中教育活动。如果发现有幼儿情绪低落或注意力不集中，我们需要提前做出相应的安排，如单独学习或参加小组活动，以确保他们的学习效果。

三、活动的实施与指导

在集中教育活动中，教师与幼儿的交往水平是决定活动质量的核心要素。因此，选择适当的指导策略是确保活动有效开展的关键。

第一，教师应转变角色定位，从单纯的知识传授者转变为幼儿学习的引导者和支持者。这意味着教师需要关注幼儿的兴趣和需求，创造一个积极的学习氛围，鼓励幼儿主动参与和探究。为了实现这一目标，教师可以采取一系列的指导策略。例如，教师可以根据幼儿的发展水平和兴趣点设计多样化的学习活动，激发幼儿的好奇心和求知欲。同时，教师可以通过启发式的问题引导幼儿思考，培养其批判性思维和解决问题的能力。此外，教师还可以采用合作学习、项目式学习等教学策略，促进幼儿之间的交流与合作，培养其合作精神和团队意识。

第二，幼儿也应积极参与活动，发挥主体作用。这需要教师激发幼儿的学习动力和兴趣，让他们感受到学习的乐趣和价值。例如，教师可以鼓励幼儿通过观察、实验、操作等活动亲身体验知识的形成过程，培养其探究精神和实践能力。同时，教师还可以引导幼儿将所学知识与实际生活相联系，培养其解决实际问题的能力。此外，教师还可以通过鼓励、表扬等正面激励措施，增强幼儿的自信心和学习动力。

第三，教师与幼儿的交往应建立在平等、尊重的基础上。教师应尊重幼儿

的个性和差异,关注每个幼儿的发展需要。同时,教师还应与幼儿建立良好的师生关系,关注幼儿的情感需求,倾听他们的声音,理解他们的想法和感受。只有这样,才能真正实现师生之间的有效互动和共同成长。

第六章　生活教育在混龄班区域活动中的实践内容及方法

第一节　混龄班区域活动中生活教育课程目标

　　根据混龄班区域活动中生活教育课程维度,本研究设计了课程具体目标。依据《幼儿园教育指导纲要》《3—6岁儿童学习与发展指南》及幼儿身心发展情况,幼儿园生活课程建设小组共同设计提出。生活教育课程目标从满足自我需要的活动、美化生活的活动、传统节日活动三个维度进行梳理,并从情感目标、认知目标、能力目标三个方面进行目标的制定。

一、满足自我需要的活动目标

　　自我服务活动的维度目标设置主要依据《3—6岁儿童学习与发展指南》中健康领域"生活习惯和生活能力"的内容,结合幼儿园生活教育现状制定而成的,具体目标内容见下表:

表6.1　满足自我需要的活动目标内容

满足自我需要的活动目标内容	
目标维度	具体目标
情感目标	1.愿意尝试自己做事,体验自我服务的成就感。 2.养成自己的事情自己做的习惯,增强独立意识。 3.喜欢参与扣扣子、梳头发、系鞋带等活动,增强自主意识。 4.养成良好的生活卫生习惯,提升自尊心和自信心。
认知目标	1.认识各种生活中的用具,获得其相关知识和经验。 2.了解自己力所能及的各种事情的方法,愿意主动完成。
能力目标	1.学习自我照顾的方法,如自己穿衣、系鞋带、按类别整理自己的物品等,掌握基本的生活技能。 2.通过生活活动的操作,发展手部精细动作,增强动手能力。

二、美化生活的活动目标内容

美化生活活动的目标维度主要是在自我服务活动目标的基础上进行提升,结合《3—6岁儿童学习与发展指南》形成美化生活活动的目标内容。具体如下:

表6.2　美化生活的活动目标内容

美化生活的活动目标内容	
目标维度	具体目标
情感目标	1. 培养幼儿对生活的积极态度,热爱生活、享受生活。 2. 喜欢参与美化生活活动,愿意制作小物品增添生活的幸福感。 3. 通过动手劳作,提升幼儿劳动意识。 4. 体验动手活动的乐趣,提升动手的成就感。
认知目标	1. 了解美化生活的小装饰品的制作方法。 2. 了解环境中物品的养护、清洁方法。
能力目标	1. 能主动参与制作小装饰品。 2. 尝试使用各种工具,进行插花、工艺作品等制作。 3. 体验参与各种家务活动,会使用简单的生活工具。 4. 主动照顾环境中的物品,与环境产生积极连接。

三、传统节日活动目标

传统节日活动的目标制定是与五大领域中社会领域相结合,依据《3—6岁儿童学习与发展指南》社会领域"人际交往""社会适应"维度目标,及《幼儿园教育指导纲要》社会领域目标,结合幼儿年龄特点和生活课程需要所设计,符合指南中所提出的"利用传统节日,适当向幼儿介绍我国主要民族和世界其他国家和民族的文化,帮助幼儿感知文化的多样性和差异性"教育建议。具体目标内容如下:

表 6.3　传统节日活动目标内容

传统节日活动目标内容	
目标维度	具体目标
情感目标	1. 喜欢各种节日活动,愿意主动参与操作,感受中华文化的内涵。 2. 喜欢了解各种节日活动的习俗和来历等,愿意主动亲近中国文化。 3. 热爱中国传统节日文化,具有民族自豪感。
认知目标	1. 了解各种节日活动的不同风俗、饮食习惯等。 2. 知道各地不同的节日文化差异。 3. 了解家乡饮食文化和节日民俗文化。
能力目标	1. 尝试制作传统特色食物和节日风俗物件。 2. 能合作完成食物的制作。

第二节　混龄班区域活动中生活教育课程内容

一、混龄班区域活动中生活教育课程内容选择的标准

(一)年龄适宜性:精细匹配混龄班幼儿的发展需求

在混龄班的特殊环境中,幼儿年龄跨度大,从刚踏入幼儿园的小小班孩子到即将步入小学的学前班孩子,他们的认知、情感和社会性发展水平呈现出显著的差异。这种差异为生活教育内容的选择带来了挑战,但同时也提供了丰富的教育机会。为了确保每个幼儿都能在生活教育活动中得到适宜的发展,我们必须高度重视课程内容的年龄适宜性。

对于年龄较小的幼儿,他们的动作协调性、注意力集中时间和理解能力都还在发展阶段。因此,生活教育内容应从最基础的生活技能开始,如学习独立吃饭、上厕所、穿脱简单的衣物等。这些活动不仅能够帮助他们建立基本的生活自理能力,还能在操作过程中促进他们小肌肉群的发展和手眼协调能力的提升。同时,教师可以通过游戏化的方式,如角色扮演、儿歌辅助等,来激发幼儿的学习兴趣,使他们在轻松愉快的氛围中掌握这些基础技能。

而对于年龄较大的幼儿,他们已经具备了一定的生活自理能力,对于基础的生活技能也已经比较熟悉。因此,生活教育内容需要为他们提供更具挑战性的任务,以满足他们更高层次的发展需求。例如,可以引导他们学习制订简

单的日常计划,如安排自己的作息时间、整理个人物品等。这些活动不仅能够培养他们的计划性和条理性,还能在操作过程中提升他们的思维能力和解决问题的能力。此外,教师还可以通过组织一些团队合作的活动,如共同打扫教室、准备节日庆祝等,来培养幼儿的团队合作精神和责任感。

除了基础生活技能和更具挑战性的任务外,生活教育内容还应关注幼儿的情感和社会性发展。对于年龄较小的幼儿,教师可以通过亲子活动、同伴互动等方式来帮助他们建立安全感和信任感;对于年龄较大的幼儿,教师则可以通过讨论、分享等方式来引导他们学习理解和尊重他人的观点和情感。

在选择生活教育内容时,教师还需要根据幼儿的个体差异进行灵活调整。每个幼儿的发展速度和学习方式都是不同的,有些幼儿可能在某些方面发展得较快,而在其他方面则需要更多的支持和引导。因此,教师需要密切观察每个幼儿的表现和反应,及时调整课程内容和活动难度,以确保每个幼儿都能在生活教育活动中得到适宜的挑战和支持。

(二)生活实用性:构建与幼儿生活紧密相连的教育桥梁

生活,作为幼儿最直接、最真实的学习场所,为他们提供了无数的学习机会。在混龄班区域活动中,生活教育课程的选择显得尤为重要,其中生活实用性更是核心的标准之一。选择的内容只有贴近幼儿的日常生活,才能真正引起他们的兴趣,进而帮助他们将所学应用于实际生活中,不断提高生活的自理能力。

对于幼儿来说,每天的生活都是新的、充满探索的。从早晨起床穿衣、洗漱用餐,到白天的玩耍学习,再到晚上的睡前准备,每一个环节都蕴含着丰富的教育价值。因此,生活教育课程的内容应该紧密围绕这些日常活动展开,让幼儿在熟悉的环境中学习,在学习的过程中不断提高自己的生活能力。例如,穿衣脱衣是幼儿每天都需要面对的任务。通过教授幼儿正确的穿衣脱衣方法,不仅可以帮助他们掌握这一基本生活技能,还能在操作过程中培养他们的观察力、协调性和独立性。当幼儿学会自己穿衣脱衣时,他们的自信心和成就感也会得到极大的提升,这对于他们未来的学习和生活都是非常有益的。再如,用餐礼仪也是幼儿生活中不可或缺的一部分。在混龄班区域活动中,教师可以设置用餐区,教授幼儿正确的餐具使用方法、餐桌礼仪等。这些内容的学习不仅可以帮助幼儿养成良好的用餐习惯,还能在潜移默化中培养他们的社交能力和自我控制能力。当幼儿学会在用餐时保持安静、不浪费食物、与他人分享时,他们的综合素质也得到了全面的提升。

除了穿衣脱衣和用餐礼仪外,生活教育课程的内容还可以涵盖许多其他方面,如个人卫生习惯、家居安全知识、交通规则等。这些内容都是幼儿在家庭和社会生活中经常遇到或需要掌握的技能。通过学习这些知识,幼儿可以更好地保护自己,避免意外事故的发生,同时也能更好地适应社会环境,与他人和谐相处。

(三)兴趣导向性:以幼儿兴趣为引擎,驱动生活教育课程的活力实施

在幼儿的世界里,兴趣是探索未知、学习新知的强大动力。生活教育课程,作为幼儿接触生活、理解生活的重要桥梁,更应以幼儿的兴趣为出发点,精心选择那些能够激发他们好奇心和探索欲望的内容。通过有趣的活动设计,不仅能吸引幼儿主动参与,还能让他们在快乐中学习和成长,从而真正达到教育的目的。

幼儿的兴趣是多种多样的,他们对周围的一切都充满了好奇和探究的欲望。有的幼儿对动植物特别感兴趣,喜欢观察它们的生长和变化;有的幼儿对手工制作情有独钟,喜欢动手尝试各种创意;还有的幼儿对社交活动乐此不疲,喜欢在与人互动中体验快乐。因此,生活教育课程的内容应该涵盖这些方面,以满足不同幼儿的兴趣需求。

以动植物为例,教师可以设计一系列以"自然探索"为主题的活动。比如,带领幼儿种植小植物,观察它们的生长过程;或者组织幼儿到动物园参观,了解各种动物的生活习性。这些活动不仅能激发幼儿对自然的好奇心,还能培养他们的观察力和责任感。同时,教师还可以结合幼儿的兴趣点,引导他们学习相关的知识,如植物的种类、动物的食物链等,从而丰富他们的知识储备。

对于喜欢手工制作的幼儿,教师可以提供各种材料和工具,让他们自由发挥想象力,创造出独一无二的作品。无论是制作简单的纸艺、布艺,还是尝试复杂的木工、陶艺,都能让幼儿在动手的过程中感受到创作的乐趣和成就感。同时,手工制作还能培养幼儿的耐心和专注力,提升他们的精细动作协调能力。此外,社交活动也是生活教育课程中不可或缺的一部分。教师可以通过角色扮演、情景模拟等方式,引导幼儿学习如何与人交往、合作和分享。这些活动不仅能提升幼儿的社交能力,还能帮助他们在实践中理解社会规则和价值观,为未来的社会生活做好准备。

(四)全面性:构建幼儿生活技能与综合素质的全方位培养体系

在幼儿的成长过程中,生活技能的掌握与综合素质的培养是密不可分的。生活教育课程作为幼儿教育的重要组成部分,其全面性的重要意义不言而喻。课程内容应涵盖幼儿生活的多个方面,确保他们在各个生活领域都能得到必

要的指导和帮助,从而建立起全面的生活技能体系,为未来的独立生活打下坚实的基础。

自我照顾是幼儿生活技能中最基础也是最重要的一部分。通过教授幼儿正确的洗手、穿脱衣物、独立上厕所等技能,课程不仅帮助幼儿提高了生活自理能力,还让他们在学习的过程中逐渐树立起了自信心和责任感。当幼儿能够独立完成这些日常任务时,他们会感受到成长的喜悦和成就感,这种积极的情绪体验将进一步激发他们的学习热情。

社交礼仪是幼儿在社会化过程中必须掌握的另一项重要技能。通过生活教育课程,幼儿可以学习到如何与人打招呼、分享玩具、排队等待等基本礼仪规范。这些规范的掌握不仅有助于幼儿建立良好的人际关系,还能培养他们的团队合作和尊重他人的意识。在混龄班的环境中,幼儿还有机会与不同年龄段的伙伴互动,从而进一步拓展他们的社交圈子和交往能力。

健康安全知识的普及也是生活教育课程中不可或缺的一部分。通过向幼儿传授基本的交通安全规则、食品安全常识以及应对突发事件的方法等,课程旨在帮助幼儿建立起自我保护的意识和能力。这些知识的掌握对于保障幼儿的生命安全和身体健康具有重要意义,同时也为他们未来的独立生活提供了必要的保障。除了以上几个方面外,生活教育课程还应关注幼儿其他生活领域的发展需求。例如,通过组织各种户外活动和体育锻炼,可以培养幼儿的运动能力和身体素质;通过引入多元文化元素和艺术教育内容,可以丰富幼儿的审美体验和创造力;通过鼓励幼儿参与家庭和社会实践活动,可以提升他们的社会适应能力和责任感。

二、混龄班区域活动中生活教育课程内容的分类

(一)日常生活技能

1. 自我服务技能

自我服务技能是孩子们在成长过程中必须掌握的基本技能之一。在混龄班区域活动中,教师会特别注重培养孩子们的自我照顾能力,让他们学会独立完成日常生活中的一些基本任务。例如,穿脱衣物、系好鞋带、扣好纽扣等。对于年龄较小的孩子,教师会采用游戏化的方式,引导他们学会辨认自己的衣物,并逐步掌握穿衣脱衣的技巧。而对于年龄较大的孩子,教师则会鼓励他们尝试更加复杂的自我服务任务,如整理床铺、收拾书包等。通过反复练习和指导,孩子们不仅可以掌握这些技能,还可以提高自信心和自尊心。他们会意识到自己已经长大,能够独立完成一些事情,从而更加积极地参与各种活动。

2. 个人卫生习惯

个人卫生习惯是保持身体健康的重要一环。在混龄班区域活动中,教师会向孩子们传授正确的卫生知识,引导他们养成良好的卫生习惯。例如,教师会教孩子们正确的洗手方法,让他们了解在什么情况下需要洗手,并督促他们在日常生活中坚持执行。此外,教师还会向孩子们介绍刷牙的正确方式和时间,以及使用卫生用品的注意事项等。除了传授知识外,教师还会通过实践活动来加深孩子们对卫生习惯的理解。例如,组织孩子们一起打扫教室、清洗玩具等,让他们在亲身体验中感受到保持清洁的重要性。

3. 餐桌礼仪

餐桌礼仪是社交礼仪的重要组成部分。在混龄班区域活动中,教师会向孩子们介绍基本的餐桌礼仪知识,如正确使用餐具、摆放碗盘、注意言谈举止等。为了让孩子们更好地掌握这些礼仪知识,教师会通过示范和讲解的方式来进行教学。同时,教师还会组织孩子们进行模拟练习,让他们在模拟的用餐环境中实践所学的礼仪知识。通过餐桌礼仪的学习和实践,孩子们不仅可以提升自己的社交能力,还可以培养良好的文明习惯。他们会逐渐学会尊重他人、注重细节,从而在日后的生活中更加自信、从容地应对各种社交场合。

4. 整理收纳技能

整理收纳技能是保持环境整洁有序的关键。在混龄班区域活动中,教师会向孩子们传授整理收纳的技巧和方法,引导他们学会整理自己的书包、衣物、玩具等个人物品。为了激发孩子们对整理收纳的兴趣和动力,教师会采用多种方式来进行教学。例如,利用游戏化的方式让孩子们体验整理的乐趣;或者通过竞赛的方式激励孩子们主动整理自己的物品。

通过整理收纳技能的学习和实践,孩子们不仅可以提高自己的生活自理能力,还可以培养责任感和秩序感。他们会逐渐认识到保持环境整洁的重要性,并愿意为此付出努力。这种良好的习惯将会伴随他们一生,为他们的未来发展奠定坚实的基础。

(二) 家务劳动

在混龄班区域活动中,家务劳动作为生活教育的一项重要内容,对于培养幼儿的自理能力、责任感以及团队合作意识具有不可替代的作用。通过参与家务劳动,幼儿不仅能够学习到实用的生活技能,还能在劳动中体验到成就感和自我价值,从而促进他们的全面发展。

家务劳动的内容可以根据幼儿的年龄和能力进行适当的选择和调整。对于年龄较小的幼儿,可以安排一些简单的任务,如整理自己的玩具、收拾绘本、协助擦桌子等。这些活动既能帮助幼儿建立初步的生活自理能力,也能让他们在劳动中感受到成就感和满足感。

对于年龄较大的幼儿,则可以分配一些更具挑战性的家务任务,如扫地、拖地、清洗自己的小衣物等。这些活动不仅能锻炼幼儿的身体协调能力,还能培养他们的耐心和毅力。同时,通过参与这些家务劳动,幼儿还能学会承担责任和分工合作,为未来的家庭生活和社会生活做好准备。

在混龄班的特殊环境中,家务劳动还可以成为促进幼儿之间互动与合作的桥梁。教师可以鼓励不同年龄段的幼儿一起参与家务劳动,让他们在共同的目标下学会协商、分工和合作。这种跨年龄段的互动不仅能提升幼儿的社交能力,还能让他们在互相帮助和学习中共同进步。此外,教师在组织家务劳动时还应注重培养幼儿的正确劳动观念和习惯。通过引导幼儿认识劳动的意义和价值,让他们学会尊重劳动、珍惜劳动成果,从而培养良好的劳动习惯和品质。

(三)社交礼仪

在混龄班区域活动中,社交礼仪作为生活教育的一项重要内容,对于培养幼儿的文明习惯、交往能力和社会适应性具有至关重要的作用。通过学习和实践社交礼仪,幼儿能够逐渐掌握与人交往的基本规范和技巧,为未来的社会生活打下坚实的基础。

社交礼仪的教育内容应该贴近幼儿的日常生活,注重实用性和可操作性。教师可以教授幼儿如何与人打招呼、道别,如何分享玩具和食物,如何排队和等待等基本礼仪。同时,还可以通过角色扮演、情景模拟等有趣的活动形式,让幼儿在亲身体验中学习和掌握这些礼仪规范。

在混龄班的环境中,幼儿有机会与不同年龄段的伙伴进行交往和互动,这为社交礼仪的学习提供了得天独厚的条件。教师可以鼓励幼儿主动与不同年龄的伙伴交流,引导他们学会尊重他人、关心他人、帮助他人,从而建立起良好的人际关系。除了基本的礼仪规范外,社交礼仪的教育还应注重培养幼儿的自我控制能力和情绪管理能力。教师可以通过讲解、示范、引导等方式,帮助幼儿学会控制自己的行为和情绪,学会在与人交往时保持冷静和理智,从而更好地应对各种社交场合。社交礼仪的学习不仅仅是为了让幼儿掌握一些表面的行为规范,更重要的是帮助他们建立起内在的文明素养和道德品质。因此,教师在教授社交礼仪的同时,还应注重培养幼儿的同理心、感恩心等积极情感,让他们学会关心他人、理解他人、尊重他人。

第三节　混龄班区域活动中生活教育课程实施

一、搭建区域环境

环境创设是生活教育开展的基础,有吸引力、能使幼儿主动参与的环境本身就是生活教育的一部分。能在了解不同年龄幼儿的生理心理发展特点的基础上,抓住幼儿在生活中建立的已有经验,与幼儿一起创设赋予生活化的熟悉环境,使生活教育融入无痕、浸润无声,让幼儿在轻松愉悦的氛围中,在生活场景的再现中,进行模仿、探究、重塑建构新的知识结构。

1. 探索环境创设的原则

教育性原则:环境创设在混龄班区域活动中应始终贯彻教育性原则。这意味着环境的每一个元素,无论是色彩、布局还是材料选择,都应与教育目标紧密相连。例如,教师可以通过墙面装饰来展示教育内容,利用角落空间设置图书角或科学探索区,从而激发幼儿的学习兴趣和好奇心。此外,教育性原则还要求环境能够支持幼儿的各种学习方式,包括观察、探索、实践和反思,以促进他们的全面发展。

适宜性原则:混龄班中的幼儿年龄跨度较大,他们的兴趣、能力和发展需求各不相同。因此,环境创设必须考虑适宜性原则,确保每个年龄段的幼儿都能找到适合自己的活动区域和材料。例如,可以为较小年龄的幼儿提供软体玩具和绘本,而为较大年龄的幼儿提供更具挑战性的拼图和建构材料。此外,适宜性原则还要求教师密切关注幼儿的发展变化,及时调整环境以适应他们的新需求。

幼儿参与性原则:幼儿是环境的主人,他们应该参与到环境创设的过程中来。这一原则强调尊重幼儿的主体地位,鼓励他们发表意见、提出建议,并实际参与到环境的布置和整理中。例如,教师可以与幼儿一起讨论区域活动的主题,让他们选择自己喜欢的材料和玩具,甚至让他们亲手制作装饰物。通过参与环境创设,幼儿不仅能够增强自信心和归属感,还能培养创造力和审美能力。

开放性原则:混龄班区域活动的环境创设应遵循开放性原则,为幼儿提供自由探索和创造的空间。这意味着教师要避免过度限制幼儿的活动范围和材料选择,而是给予他们充分的自主权和选择权。例如,可以设置多个不同功能的区域,如艺术区、科学区、建构区等,并在每个区域内提供丰富多样的材料和资源。这样,幼儿就可以根据自己的兴趣和需要自由选择活动内容和方式,从而培养自主性和创造性。

经济性原则：在环境创设过程中，经济性原则也是不可忽视的。教师应根据幼儿园的实际条件和资源，合理利用现有空间和材料，避免浪费。例如，可以利用废旧物品制作玩具和装饰物，或者通过巧妙的设计将有限的空间最大化地利用起来。经济性原则不仅有助于节约成本，还能培养幼儿勤俭节约的品质和环保意识。

安全性原则：安全是环境创设的首要前提。在混龄班区域活动中，教师应确保环境的安全性，消除一切可能存在的安全隐患。例如，要确保家具和玩具的稳固性，避免尖锐物品和有毒物质的出现，保持地面的干净整洁等。此外，教师还要对幼儿进行安全教育，教会他们如何正确使用材料和玩具，如何避免危险行为等。通过遵循安全性原则，教师可以为幼儿提供一个安全、舒适的活动环境，让他们在其中放心地学习和成长。

2. 研究环境创设的方法

在遵循环境创设原则的基础上，可以尝试将环境进行不同形式的搭建，促进幼儿完整生活经验的建构。

（1）基础区域搭建

为了使幼儿在轻松愉悦的氛围中，在生活场景的再现中进行模仿、探究、重塑，建构新的知识结构，可以在班级开辟专设的生活教育区，投放"洗毛巾""擦皮鞋""擦镜子""编辫子""使用缝纫机做衣服""织帽子"等生活材料，供幼儿自主选择。除此之外，专设家庭小厨房，配备石磨、烤箱、电饼铛、微波炉等用具，让幼儿在真实的生活教育环境中"煎火腿""磨豆浆""做三明治""炒鸡蛋虾仁"，享受劳动成果。

（2）主题区域创设

除了基本的材料投放外，依照幼儿经验获取整体性发展的原则，可以尝试开设不同的主题区域，如"编织坊""擦鞋屋""花店""邮局""制衣店""洗衣店""发型小铺"等不同主题的区域，融入角色特点，投放主题式活动材料，在多形式的操作活动中促进幼儿完整生活经验的提升。

（3）尝试环境创设与传统文化的融合

中华优秀传统文化内涵丰富，特征鲜明，包含很多贴合幼儿身心发展的内容，特别是中国传统节日，就发生在幼儿身边，是生活中宝贵的教育资源。为了让幼儿更好地感受传统节日文化的深邃，增强民族自豪感，可以尝试将环境创设与传统文化进行融合，让幼儿在实际操作和亲身体验中认识中国文化，感受美好生活，同时发展各种能力。

二、投放区域活动材料

生活教育课程的落实要依照材料的投放来实现,材料是生活教育中必不可少的要素,也是引导幼儿主动探究的关键。材料的投放可遵循以下原则:

保证安全性。在为孩子们准备区域活动材料时,教师必须将安全放在首位。首先,要严格把控材料的质量,确保所有提供的物品都符合安全标准。例如,在投放边缘锋利的瓶罐类物品时,务必进行必要的安全处理,以防刮伤。其次,教师要选择适合幼儿抓握和使用的用具尺寸,如小巧的牛排刀、儿童专用的削皮刀、小型的玻璃碗、圆头擀面杖以及迷你的案板等,这样既能满足孩子们的操作需求,又能保证他们的安全。最后,教师还要亲自示范正确的使用方法,教导孩子们如何安全地使用各种刀具、电器以及辅助材料,从而培养他们的安全意识和自我保护的能力。

体现丰富性。材料作为幼儿构建自身经验的媒介,在幼儿不断主动操作的过程中传递信息、积累知识、促进能力发展。因此,选择丰富多样的材料对于开展区域活动至关重要。以制衣坊为例,教师可以提供多种不同材质的布料、缝纫工具等,使幼儿在与各种材料的互动中广泛积累经验,开拓视野。这样,孩子们不仅能在实践中学习制衣技能,还能培养创新思维和审美能力,为他们的全面发展奠定坚实基础。

兼顾层次性。由于每个幼儿的认知和发展水平都各不相同,因此材料的难易程度必须适中,以维持幼儿的兴趣。为了实现这一目标,教师需要在了解每个幼儿发展水平的基础上,充分考虑个体差异,并在活动区域提供不同层次的操作材料以供选择。同时,对于同一种材料,也可以提供不同操作层次的提示卡,以适应不同能力水平的幼儿。例如,在缝纫练习中,可以设置从简单到复杂的任务,如随意缝纫、缝扣子、绣制图案等,使幼儿能够根据自己的能力进行自我调整和学习。这样的设置不仅满足了幼儿个性化学习的需求,还有助于培养他们的自主学习能力和自信心。

注重生活化。强调生活化教育在幼儿教育中至关重要。为了紧密贴合幼儿的实际需求和兴趣,并基于他们的生活经验来促进其可持续发展。首先,针对女生的生活技能培养,我们可以提供假发模型,让她们练习梳头编辫子。通过这一活动,幼儿不仅可以掌握基本的发型整理技巧,还能在午休起床后独立梳理头发,实现学习与生活的有效衔接。其次,我们可以充分利用幼儿园内的自然资源。比如,种植园里的红薯、萝卜、青菜等蔬菜不仅可以用来进行观察和学习,还可以收集到小厨房,让幼儿参与烹饪活动。这样,幼儿就能在亲身体验中了解食物的来源和制作过程,培养他们的生活实践能力和对食物的珍惜意识。此外,教室门前的桂花树、柿子树等也可以成为宝贵的教育资源。我们可以组织幼儿采集桂花花瓣,学习酿制花蜜的方法;同时,柿子树的果实可以用来制作柿子果酱,让幼儿体验果实的加工过程。

除了利用自然资源,我们还可以引导幼儿关注生活中的废旧物品,培养他们的环保意识和创造力。比如,废旧的纸箱、瓶子、石头、绳子、树枝、松果等都可以成为幼儿进行创意制作的材料。我们可以鼓励幼儿发挥自己的想象力,利用这些废旧物品制作手工艺品、玩具或装饰品,让他们在动手实践中感受到创造的乐趣和成就感。

渗透游戏性。丰富而适宜的游戏化材料,能吸引幼儿兴趣、提升幼儿感知,促进幼儿的主动活动。比如:我们在小厨房设置情景模拟游戏,客人可以根据菜单打电话预约订餐,由小厨房厨师做美食,送餐员进行派送,将教育内容以游戏化的方式呈现出来。

三、探索入区方法

在区域活动中,我们强调幼儿的自由选择、自主操作和自定活动方向。针对传统的幼儿自主选择、独立操作材料的模式,混龄班可以进行创新,打破以往一人一卡的固定入区方式,探索出既适合混龄发展又能促进同伴间互动的新方法。通过创造更多孩子之间的连接点,我们旨在加强大小孩子及同伴间的互动与合作。

例如,为了满足大孩子带领小孩子的活动需求,我们可以尝试采用"捆绑卡位""子母卡""手环连接"或"邀约式"等新颖的入区形式。同时,投放"大手拉小手操作流程"等直观的图示引导,使幼儿能够依据提示卡结伴进入活动区,并共同选择操作工具。在这样的过程中,大孩子能够发挥指导作用,带领小孩子进行操作,这不仅有助于大孩子建立自信心、体验合作的乐趣,还能让他们从中获得成就感。而对于小孩子来说,他们在跟随哥哥姐姐的过程中能够接触到更多的知识和情感体验,从而有效促进自身能力的发展。

通过这种混龄合作的活动模式,大小孩子之间的互助合作不仅有助于他们各自知识经验的积累与构建,更能在社会性发展方面起到积极的推动作用。这种跨年龄段的交流与合作,能够让孩子们在相互帮助、相互学习的过程中更好地理解他人、关心他人,并培养他们的团队精神和协作能力。

四、幼儿自主选择活动,教师及时指导

提升教师在区域活动中的观察与指导技巧,以增强区域活动的有效性,确保生活教育的优质实施。在幼儿生活区的各项活动中,教师应灵活变换角色,

既要是幼儿的指导者和引路人,又要能成为他们的玩伴、调解者、共同参与者和冷静的观察者。教师需要精准地掌握何时介入和何时退出的时机,唯有如此,才能充分体现教师教育艺术的深层价值,并促进幼儿在各项活动中的全面和高效发展。

为了让幼儿更多地感受到快乐和成功,我们应为幼儿营造一个安全自由的心理环境,这种环境以自主、宽松、和谐为特点,是开展区域活动的重要基础。只有在这种毫无拘束的氛围中,幼儿才能自由地表达自己的内心情感,他们的个性才能得到最大程度的发挥,生活教育的效果也会更加显著。教师的每一个鼓励的眼神、每一个微笑的面容、每一个及时的示意,都能让幼儿感受到尊重、信任和鼓励,从而帮助他们建立自信,更加积极、主动地投入到各类游戏和活动中。

第四节　混龄班区域活动中生活教育课程评价

一、对幼儿发展的评价

对幼儿发展的评价主要有两个方面,一是生活教育活动效果及对生活教育目标达成情况进行评价,另一方面是对幼儿在生活教育活动过程中的表现以及参与情况进行评价。

1. 对幼儿达成生活教育课程目标的评价

本节从情感、认知、能力三个维度对生活教育课程目标进行设计,因此,对幼儿生活教育课程的发展评价也是从以上三个维度进行。

（1）情感目标的评价

着重评估幼儿是否展现出对生活的热爱,对各种生活活动是否持有喜好,以及他们参与生活教育的积极程度。由于幼儿情感表达直接且纯真,教师和家长应敏锐捕捉并记录他们在日常生活中的情感流露,以此为依据来评价幼儿在生活教育课程情感目标上的达成度。

（2）认知目标的评估

考察幼儿对生活教育环境、用具及其操作方法的认知程度。在活动结束后,教师通过观察法和访谈法,结合与幼儿的互动问答,来全面了解幼儿对活动相关认知内容的掌握情况。

（3）能力目标的评价

关注幼儿在生活习惯和自理能力方面的表现,评估他们是否能够主动照顾自己、美化环境,以及是否掌握了一定的食物制作技能等。对幼儿生活教育能力目标的评价,主要依赖于教师在活动过程中对幼儿表现的记录,以及活动结束后在家庭和日常生活中幼儿实践情况的反馈。

2. 对幼儿在开展生活教育课程中表现的评价

生活教育课程通过开展丰富多样的活动,为幼儿提供丰富的环境资源、多样的区角材料资源,让幼儿有制作、操作、分享、品尝的机会,教师对幼儿在活动过程中的表现进行撰写观察记录,即是对生活教育课程过程的评价。但是在过程导向的生活教育课程评价中,评价的主体不仅局限在教师范围,幼儿和家长也是生活教育课程评价的主体,对幼儿生活教育过程中的表现的评价载体即幼儿的成长档案。幼儿生活教育成长档案主要包括三个方面的内容,即教师观察记录、家长观察记录、幼儿作品记录等。

(1)教师观察记录

主要由班级教师和生活教育专职教师负责,针对幼儿在生活活动中的行为进行详细记录。例如,教师会留意并记录幼儿参与活动的积极程度、在操作环节中的步骤正确性、工具使用方法得当与否、操作过程的熟练度、食物制作的方法与过程的合理性,以及幼儿与同伴间的合作与分享情况、遇到困难时的解决策略等。教师会根据这些观察,对幼儿在活动中的表现给予积极正面的评价。

(2)家长观察记录

这是由家长对幼儿在家中的生活能力进行的记录。例如,家长会关注并记录孩子的自理能力、自我服务意识、独立性和动手能力等方面的表现,同时留意孩子的情绪状态和阶段性的成长变化。

(3)幼儿作品记录

主要收集幼儿在生活教育课程过程中创作的作品,这些作品可能包括手工作品、美术作品、实物制作作品或植物栽培作品等。通过拍照的形式进行记录,可以评价幼儿在不同时间阶段完成活动的质量,从而对幼儿进行阶段性的评估。这样的作品集不仅展示了幼儿的创造力和想象力,也是他们成长进步的重要见证。

二、对教师发展的评价

生活教育课程的教师队伍偏向年轻化,正处于自我提升的关键阶段。该课程的建设与实施对教师的综合能力产生了显著的促进与提升作用。对教师的评价主要集中在主题活动探索能力和课程设计实施能力两大方面。

1. 对于主题活动探索能力的评价

在生活教育课程的推进中,教师通过参与集体教研和具体实践活动,不断积累经验,进行反思。他们逐渐学会识别哪些幼儿兴趣点具有深入挖掘的潜力,并将其发展为课程主题。这一过程显著提升了教师对活动的探索与挖掘能力。

2. 对于课程设计和实施能力的评价

在生活教育课程的设计与实施阶段,教师需要深入挖掘课程的价值与意义,同时紧密结合幼儿的身心发展特点,制定符合其年龄特征的活动方案与流程。在活动执行过程中,教师展现出良好的节奏把控能力,并在结束后及时进行反思与总结,针对问题探索有效的解决策略。这一系列实践显著提升了教师在课程设计与实施方面的专业能力。

三、对课程实施的评价

对生活教育课程的实施效果进行评估,核心目的在于判断该课程是否对幼儿产生了积极的影响,是否有效提升了教师的专业能力,以及是否推动了幼儿园课程建设的整体进步。

1. 评估要素

在评价生活教育课程实施时,我们关注以下要点:课程计划的合理性、课程安排的适当性、课程形式的多样性、活动方法的有效性以及活动效果的显著性。一个优秀的课程实施应当确保活动计划与整体课程保持一致,内容紧密围绕教育目标,活动时间分配充足,能够激发幼儿的主观能动性,引导他们自主探究和合作交流。同时,教学方法应启发幼儿思考,提升他们的已有经验,教学思路清晰,组织有序,能够合理调控教学过程,实现理论与实践的有机结合。

2. 评估方法

为了全面、具体地评价生活教育课程的实施效果,我们采用多种评估方式相结合的方法。教师自评能够帮助他们对自己的教学情况进行深入反思和总结;教师互评则促进了教师之间的相互学习和共同成长;而他评则通过幼儿园领导、家长及专家的视角,为课程实施提供多方面的反馈和建议。这种多元化的评估方式有助于及时发现并解决问题,从而推动教师的专业成长、幼儿的发展以及课程的持续改进,使生活教育课程的结构和内容不断丰富和完善。

第七章　混龄班生活教育课程建构

第一节　课程建构的目标导向

一、促进幼儿社会性发展

促进幼儿社会性发展是混龄班生活教育课程建构的核心目标之一。在混龄班的环境中,幼儿有机会与不同年龄段的同伴进行互动,这种互动不仅增加了他们社交的机会,也为他们提供了学习和发展的平台。因此,课程目标应该明确导向培养幼儿的社会交往能力、合作意识和同理心,以帮助他们在多元化的社交环境中更好地适应和成长。首先,培养幼儿的社会交往能力是混龄班生活教育课程的重要任务之一。社会交往能力是指幼儿在与他人互动时所表现出来的行为、情感和态度。在混龄班中,幼儿需要与不同年龄、性格、背景的同伴相处,这就要求他们具备一定的社会交往能力。通过日常生活活动、游戏和学习任务的设计,教师可以鼓励幼儿主动与同伴进行交流,分享自己的经验和感受,倾听他人的想法和建议。这样的互动不仅有助于幼儿建立良好的人际关系,还能够提升他们的语言表达能力和沟通能力。其次,合作意识的培养也是混龄班生活教育课程的重要目标。合作是指幼儿在与他人共同完成任务时所表现出来的协作、互助和分享的精神。在混龄班中,由于幼儿年龄和发展水平的差异,他们需要在合作中学会互相协调、互相帮助,以共同完成任务。教师可以通过组织小组活动、搭建合作平台等方式,引导幼儿在合作中学习分工、协作和解决问题的方法。这样的经历不仅有助于培养幼儿的团队精神,还能够提升他们的解决问题和应对挑战的能力。最后,同理心的培养也是混龄班生活教育课程不可或缺的一部分。同理心是指幼儿能够理解和分享他人情感的能力。在混龄班中,幼儿会接触到不同情感状态的同伴,这就要求他们具备一定的同理心,能够理解和关心他人的感受。教师可以通过情景模拟、角色扮演等活动,帮助幼儿理解他人的情感状态,学会换位思考和表达关爱。这样的教育不仅有助于培养幼儿的情感表达能力,还能够提升他们的人际关系和亲社会行为。

二、培养幼儿独立自主的生活能力

培养幼儿独立自主的生活能力是混龄班生活教育课程的又一重要目标。在现代社会中,独立自主的生活能力对于每个人的成长和发展都至关重要。而对于幼儿来说,这种能力的培养更是他们未来自理、自信、自强的基石。因此,生活教育课程应当肩负起这一重任,通过一系列精心设计的活动,帮助幼儿逐步掌握基本的生活技能,培养他们的自理能力和独立解决问题的能力。

自理能力的培养是幼儿独立自主生活能力的基础。幼儿期是个体生活自理能力初步形成的关键期,这一时期的培养将对其未来的生活产生深远影响。在生活教育课程中,教师可以通过设计符合幼儿发展水平的自我服务活动,如穿脱衣物、洗手绢、整理个人物品等,来引导幼儿在实践中学习并掌握这些基本的生活技能。这样的活动不仅能够帮助幼儿形成自我服务的意识,还能够锻炼他们的手部精细动作和协调能力,为他们的全面发展打下坚实的基础。除了自理能力,独立解决问题的能力也是幼儿独立自主生活能力的重要组成部分。在幼儿的生活中,难免会遇到各种各样的问题和困难。面对这些问题,幼儿需要学会独立思考、寻找解决问题的方法。在生活教育课程中,教师可以通过设置一些环境整理任务、生活小挑战等,来激发幼儿解决问题的兴趣和动机。在这些活动中,教师可以引导幼儿观察问题、分析问题、并尝试寻找解决问题的方法。通过这样的过程,幼儿不仅能够提升自己的问题解决能力,还能够增强自信心和自主性。值得一提的是,混龄班的环境为培养幼儿独立自主的生活能力提供了得天独厚的条件。在混龄班中,幼儿有机会与不同年龄段的同伴互动和学习。这种互动不仅为幼儿提供了模仿和学习的对象,还能够激发他们的竞争意识和合作精神。通过观察和学习大龄幼儿的行为和技能,小龄幼儿可以更快地掌握生活技能;而大龄幼儿则可以通过帮助和指导小龄幼儿,进一步巩固和提升自己的技能。这种互帮互助的学习氛围,有助于培养幼儿的社会责任感和集体荣誉感,进一步促进他们独立自主生活能力的发展。

三、激发幼儿的学习兴趣和探究欲望

激发幼儿的学习兴趣和探究欲望,是混龄班生活教育课程的核心任务之一。幼儿期是个体发展的关键时期,他们对周围的世界充满了好奇心和探索欲望。在这个时期,教育者的责任就是通过创设富有吸引力和启发性的学习环境,点燃幼儿心中的求知之火,引导他们踏上主动学习、积极探究的旅程。

在混龄班生活教育课程中,关注幼儿的兴趣点和好奇心是至关重要的。每个幼儿都是独一无二的个体,他们有着不同的兴趣、爱好和天赋。教师需要通过细心观察和深入了解,捕捉到每个幼儿的兴趣所在,并将这些兴趣点作为课程设计的出发点。例如,一些幼儿对动植物特别感兴趣,教师就可以组织相关的自然观察活动;一些幼儿喜欢动手操作,教师就可以设计一些手工制作或实验活动。这样的课程设计能够让幼儿感受到学习的乐趣,激发他们的学习动力。同时,混龄班生活教育课程应该注重活动的趣味性和挑战性。趣味性是吸引幼儿注意力的关键,只有让幼儿感到活动好玩、有趣,他们才会全身心地投入其中。教师可以通过游戏化的学习方式、生动的故事讲述、多彩的艺术创作等手段,增加活动的趣味性。而挑战性则是激发幼儿探究欲望的重要因素,适当的挑战能够让幼儿感到兴奋和成就感。教师可以通过设置难度适宜的任务、提出问题或谜题让幼儿思考解决,来增加活动的挑战性。这样的课程设计能够让幼儿在快乐中学习,在挑战中成长。此外,混龄班的环境为幼儿提供了与不同年龄同伴互动的机会,这种互动是激发幼儿学习兴趣和探究欲望的重要资源。在混龄班中,幼儿可以接触到不同发展水平的同伴,他们的思维方式、知识经验和技能水平都存在差异。这种差异为幼儿提供了相互学习、相互启发的可能性。教师可以通过组织小组活动、合作项目等方式,鼓励幼儿与同伴进行交流和合作。在这样的互动中,幼儿不仅可以学习到新的知识和技能,还可以拓展自己的思维方式和解决问题的策略。

四、促进幼儿情感与认知的协调发展

促进幼儿情感与认知的协调发展是混龄班生活教育课程不可或缺的一部分。在幼儿期,情感与认知的发展相互影响、相互促进,共同构建着幼儿的整体发展。因此,课程目标应明确导向培养幼儿的情感表达能力和认知能力,以实现幼儿全面、和谐的发展。

情感表达能力的培养是幼儿情感发展的核心。幼儿期是个体情感迅速发展的时期,他们开始学会体验各种复杂的情感,并尝试用语言、表情、动作等方式进行表达。在混龄班生活教育课程中,教师可以通过情景模拟、角色扮演等活动,为幼儿提供情感表达的机会和平台。例如,创设一个模拟的社交场景,让幼儿扮演不同的角色,体验不同的情感状态,并鼓励他们用自己的方式表达出来。这样的活动不仅能够帮助幼儿更好地理解自己的情感,还能够提升他们的情感表达能力,让他们学会用恰当的方式与他人分享自己的感受。与情感表达能力相辅相成的是认知能力的培养。认知能力是指幼儿对周围世界的感知、理解、记忆、想象等能力。在混龄班生活教育课程中,教师可以通过日常生活经验的分享和讨论,来培养幼儿的认知能力。例如,组织幼儿分享自己在家庭、社区中的生活经历,让他们描述自己观察到的事物、遇到的问题以及解

决的方法。这样的活动不仅能够激发幼儿的好奇心和探究欲望,还能够提升他们的观察力和思维能力。同时,通过与其他幼儿的交流和讨论,幼儿还可以学会从不同的角度看待问题,拓展自己的思维空间。

第二节　课程的设计思路

一、了解混龄班的特点

混龄班是一个多元化的学习环境,其中包含了不同年龄、不同发展阶段的儿童。这种班级结构为儿童提供了与不同年龄同伴互动的机会,促进了他们社交、情感和认知等方面的发展。了解混龄班的特点,是设计有效生活教育课程的前提。在混龄班中,每个儿童都有自己独特的发展轨迹和学习速度。年龄较大的儿童通常具备更强的自理能力和社交技巧,而年龄较小的儿童则可能在这些方面还在发展中。因此,课程设计者需要考虑到这种差异,确保课程内容既能满足年长儿童的需求,又能适应年幼儿童的发展水平。

二、确定生活教育目标

生活教育对于混龄班儿童来说至关重要。通过生活教育,我们期望儿童能够掌握基本的生活技能,养成良好的生活习惯,并具备独立思考和解决问题的能力。同时,生活教育也有助于培养儿童的社交能力和合作精神,让他们学会与不同年龄段的同伴友好相处。在确定生活教育目标时,我们需要考虑到混龄班儿童的年龄差异和发展需求。对于年龄较小的儿童,我们可能更注重培养他们的自理能力和生活习惯;而对于年龄较大的儿童,我们则可能更注重培养他们的社交技巧和独立思考能力。通过设定明确、具体的教育目标,我们可以确保课程设计的针对性和实效性。

三、设计生活教育课程

设计混龄班生活教育课程时,我们需要注重课程内容的实用性和趣味性。课程内容应该贴近儿童的日常生活,让他们能够在实践中学习和运用所学知识。同时,我们还需要采用多样化的教学方法,以激发儿童的学习兴趣和积极性。例如,我们可以通过角色扮演游戏来模拟日常生活场景,让儿童在游戏中学习如何照顾自己、与他人交往等基本生活技能。此外,我们还可以组织实地考察活动,带领儿童参观超市、医院等公共场所,让他们了解社会规则和职业分工。这些活动不仅能够增进儿童对社会的认识,还能够培养他们的社会责任感和公民意识。针对混龄班的特点,我们还可以设计一些跨年龄段的合作活动。比如让年龄较大的儿童带领年龄较小的儿童一起完成某项任务,这样不仅能够培养年长儿童的领导力和责任感,还能够促进年幼儿童的模仿学习和社交能力的发展。

四、评价与反馈

评价与反馈是课程设计的重要环节,它们能够帮助我们了解儿童的学习成果和进步情况,为后续的教学提供依据和调整方向。在混龄班生活教育课程中,我们可以采用多种评价方式来全面评估儿童的学习成果。除了传统的书面测试外,我们还可以观察儿童在实践活动中的表现、记录他们的学习过程和成果、收集他们的作品等。这些评价方式能够更真实地反映儿童的学习情况和进步程度。同时,我们还需要及时向家长反馈儿童的学习情况。通过与家长的沟通,我们可以了解儿童在家庭环境中的表现和需求,从而更好地调整课程内容和教学方法。此外,家长的参与和支持也能够增强儿童的学习动力和自信心。最后,根据评价和反馈结果,我们需要不断调整和优化课程设计。这包括调整教学目标、更新教学内容、改进教学方法等。通过持续的课程改进,我们可以确保混龄班生活教育课程的时效性和针对性,从而更好地满足儿童的发展需求。

第三节　课程的组织结构和内容章节

根据幼儿发展特点和需要,生活教育课程内容分为三个章节,分别是基于幼儿日常生活满足自我需要的活动、激发幼儿热爱生活美化生活的活动、传承文化的传统节日活动。

一、基于幼儿日常生活满足自我需要的活动

《指南》中指出:"要引导幼儿生活自理和家务劳动,发展其手的动作。如练习用筷子吃饭、扣扣子、帮助家人择菜叶、做面食等。"生活教育最根本的目标就是提升幼儿自我服务的能力,达到自我满足。在课程建设的过程中,对自我满足的活动这一维度又进行了细致的划分,具体内容包括"仪容仪表类活动""清洁卫生类活动""饮食类活动"三大类活动内容。

(一)仪容仪表类

仪容仪表类活动是指幼儿通过整理修饰容貌、服饰等外观,达到外貌的仪

表端庄、仪容整洁的活动。通过环境营造,让幼儿关注自己的仪容外貌形象,并提供各种操作材料,满足幼儿自我照顾仪容仪表的需求,使幼儿养成独立意识和自理能力。如梳头发、扣纽扣、系鞋带等。

穿 鞋 子

活动一:粘扣鞋

活动目标:

1. 学习穿鞋子的方法,掌握粘扣鞋粘贴的要点。

2. 通过动手练习,增强自我照顾的能力。

3. 促进幼儿手眼协调,发展手部精细动作。

活动准备:粘扣鞋

活动过程:

1. 以谈话的方式引起幼儿兴趣,认识鞋子的结构名称,学习穿鞋子的方法。

2. 学习穿鞋子。

①取来粘扣鞋将粘扣鞋带拉开,调整鞋口大小把脚穿进鞋子里。

②将鞋舌头拉出来摆正。

③二指捏住并拉起胶带往鞋子的粘带上粘,注意脚踝部位不紧绷,另一只鞋用同样的方法粘好。

④站起来走动走动感受一下粘扣是否合适,脚踝是否舒服。

　　3.大孩子可以帮助弟弟妹妹把鞋子摆好,合作一起完成穿外套。哥哥姐姐检查弟弟妹妹鞋子穿的反正是否正确,帮助弟弟妹妹粘粘扣。

　　4.互相展示自己穿好的鞋子,体验成功的快乐。

　　活动建议:

　　1.幼儿第一次尝试穿粘扣鞋时,给幼儿提供面料柔软的、粘扣短的鞋子。

　　2.哥哥姐姐协助弟弟妹妹粘粘扣时,及时询问弟弟妹妹脚踝处是否舒服,注意鞋口处不能太松也不能太紧。

　　3.学会穿短的粘扣鞋后,可以给幼儿提供粘扣长一些的鞋子进行练习。

　　4.当幼儿成功学会粘好一只鞋时,及时对幼儿给予鼓励和继续练习的语言。

活动二:系鞋带

活动目标:

　　1.掌握系鞋带的正确方法。

　　2.通过动手练习,增强自我照顾的能力。

　　3.促进幼儿手眼协调,发展手部精细动作。

　　活动准备:穿鞋板

　　活动过程:

　　1.以谈话的方式引起幼儿兴趣,认识鞋带的结构名称,学习穿系带鞋子的方法。

2.学习穿系带鞋。

①把鞋带在鞋子两侧放好。

②两只手都用三指捏住两侧的鞋带中间进行交叉,将其中一根鞋带向下穿过绕一圈,再两手同时捏住鞋带向两侧拉紧。

③两只手再次用三指捏住两侧的鞋带中间进行交叉,将其中一根鞋带向下穿过绕一圈,把鞋带头留下进行打结。

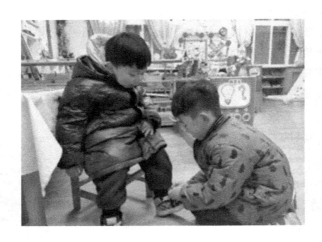

3.另一根鞋带与打过结的鞋带进行交叉,同样把鞋带头留下进行打结。

4.大孩子可以帮助弟弟妹妹把鞋子摆好,合作一起完成穿外套。

5.互相展示自己穿好的鞋子,体验成功的快乐。

活动建议:

1.穿鞋带过程中示范手指配合的方法和动作要领。

2.基本穿孔方法掌握后,学习用更多的穿插方法穿鞋带。

3.当幼儿成功学会系好一只鞋时,及时对幼儿给予鼓励和继续练习的语言。

延伸活动:

1.可以尝试练习不同的穿鞋带方法,如:梯子式、拉链式、双向回折式、双蝴蝶结式等。

2.结合传统文化,如端午节,编出五彩绳。

穿　衣　服

活动一:穿外套

活动目标:

1.通过学习穿外套的基本方法,培养孩子的独立生活能力。

2.体验动手操作的乐趣。

活动准备:视频、有拉链或扣子的开口外套

活动过程:

1.观看大班小朋友穿衣服比赛视频,引发兴趣。

师:今天请小朋友来看一段视频,看哥哥姐姐在做什么?

讨论:哥哥姐姐为什么穿衣服的动作这么快?(方法不一样)

师:我们今天就来学习哥哥姐姐穿衣服的方法。

2.幼儿学习穿外套的方法。

(1)教师示范穿衣服的方法:

①分清楚衣服的前后面,前面朝上。

②把领子或者有帽子的地方对着(挨着)自己的身体。

③手抓住自己身上衣服的袖子,将两只手分别伸到衣服有洞洞(袖口)的里面。

④用力向后甩,并扣上扣子或拉上拉链。

(2)大孩子可以帮助弟弟妹妹把衣服摆好(领口朝下),一起合作完成穿外套。

3.游戏体验:

鼓励幼儿自己穿衣服,比比谁穿得又快又好。

个别指导:教师及时帮助个别有困难的孩子。

互相展示自己穿好的外套,体验成功的快乐。

4.情感教育:

鼓励幼儿在生活中要自己的事情自己做:自己穿衣服,自己整理衣服等自我照顾的事情。

活动建议:

1.老师检查正反面和领口是否对应自己。

2.注意手臂力度和方向。

活动二　穿毛衣

活动目标:

1.通过学习穿毛衣的基本方法,培养孩子的独立生活能力。

2.体验动手操作的乐趣。

活动准备:一件套头毛衣

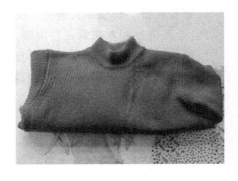

活动过程：

1.以谈话的方式引起幼儿兴趣,认识毛衣的结构名称,学习穿套头毛衣的方法。

2.学习穿套头毛衣的方法。

①分清楚套头毛衣的前后面(找到标识)。

②把毛衣平铺在桌面上,袖子打开,背面朝上。

③双手抓住自己毛衣的下开口两侧,从头顶钻过。

④一只手抓住袖子连接处撑开,使另外一只手从袖洞里钻过。用同样的方法使另一只手钻过袖洞。

⑤照镜子进行整理,使毛衣穿戴更加舒适整齐。

3.大孩子可以帮助弟弟妹妹找好正反面,拉住领口或袖口,一起合作完成穿外套。

4.互相展示自己穿好的毛衣,体验成功的快乐。

活动建议：

1.老师帮忙检查毛衣背面是否朝上。

2.头部手臂钻过领口和袖子时,可以适当帮助孩子拉好衣服进行调整。

3.引导小朋友照镜子整理仪表。

活动三　穿裤子

活动目标：

1.通过学习穿裤子的基本方法,培养孩子的独立生活能力。

2.体验动手操作的乐趣。

活动准备:一条裤子

活动过程:

1.以谈话的方式引起幼儿兴趣,认识裤子的结构名称,学习穿裤子的方法。

2.学习穿裤子的方法。

①分清楚裤子的前后面(找到标识)。

②把裤子平铺在床上或地板上,前面朝上。

③裤腰对着自己,双手抓住裤腰开口两侧,左脚从左边裤洞钻过,右脚从右边裤洞钻过,或是双脚对准裤口同时钻过。

④双手把裤腿向上拉,让脚部从裤腿开口处露出来,站起来后,双手拉裤腰向上提一提。

⑤照镜子进行整理,调整裤腰和裤腿,更加舒适整齐。

3.大孩子可以帮助弟弟妹妹找好正反面,正面朝上放好后,让小孩子拉裤腰把脚钻进裤筒里,提好裤腰后,帮助弟弟妹妹检查调整穿戴整齐。

4.互相展示自己穿好的外套,体验成功的快乐。

活动建议:

1.老师帮忙检查裤子正面是否朝上。

2.脚部钻过裤洞时,引导孩子左脚进左裤洞,右脚进右裤洞。

3.提好裤子后,检查裤裆中缝对准自己的肚脐部位,并引导小朋友照镜子整理仪表。

活动四　穿袜子

活动目标:

1.帮助幼儿初步掌握穿袜子的方法,感知袜子是成双的。

2.通过动手操作,发展幼儿手眼协调、手部肌肉的控制力和手指灵活度。

活动准备:一双袜子

活动过程:

1.以谈话的方式引起幼儿兴趣,认识袜子的结构名称,学习穿袜子的方法。

2.学习穿袜子的方法。

①先拿起一只袜子仔细观察,找到袜跟,袜跟朝着下面放。

②双手打开袜口小洞洞,拇指在里面,四指在外面,用力撑开使袜洞变大,小脚从洞口钻进去,脚趾钻到最前面。脚跟放到袜跟上,再拉拉袜口变平整。

③袜子根部如果穿歪了,需要用手指拉一拉扭一扭,对应好脚跟部位,进行调整。

④用同样方法穿上另外一只袜子。

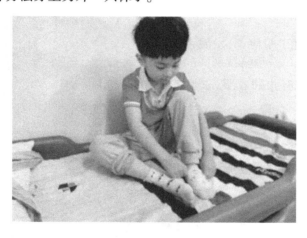

⑤有左右区别的袜子,需要找到两只袜子的标志,区分标志的位置来判断左右,再进行穿脱。

3.大孩子可以帮助弟弟妹妹把袜口撑开,使小孩子的五个脚趾头全部进入到袜口里面后,再请弟弟妹妹自己把袜子提到脚踝处,合作完成。

4.互相展示自己穿好的袜子,体验成功的快乐。

活动建议:

1.帮助幼儿了解袜子是成双成对的,认识袜子的结构、正面、背面和脚跟等。

2.教幼儿双手撑开袜口的方法,小脚往袜口里钻,检查脚趾和脚跟的位置。

3. 学会用手指进行调整,使袜子平整,穿着舒服。

延伸活动:

1. 在生活中,学习穿各种不同的服装,如:马甲、裙子、背带裤等等,并能有意识照镜子整理自己的仪容仪表。

2. 生活中通过大带小帮助照顾、感受友爱。

3. 能够将各种衣服的穿叠方法和步骤,通过拍照和画图的方式呈现出来,帮助提示更多需要的幼儿。

扣 扣 子

活动一 扣纽扣

活动目标:

1. 掌握扣纽扣的正确方法。

2. 通过动手练习,增强自我照顾的能力。

3. 促进幼儿手眼协调,发展手部精细动作。

活动准备:有扣的衣服、衣饰框或扣扣子区域材料

活动过程:

1. 以谈话的方式引起幼儿兴趣,认识扣子的结构名称。

2. 学习扣纽扣的方法。

①展示衣服,观察扣子及扣眼的外形特点。

②先用左手的大拇指和食指捏住扣子,大拇指放在扣子背面,食指尖放在

扣子正面,然后用右手捏住靠近扣眼的衣服边,从里往外慢慢地往扣眼里塞并露出部分扣子。

③右手捏住露出来的部分扣子慢慢地往上拉,左手食指和大拇指顺着右手提拉的力度把没有穿过去扣眼的下半部分推过扣眼,让整颗扣子完全穿过扣眼。

3. 大孩子可以帮助小孩子完成扣扣子。大孩子提醒弟弟妹妹扣眼和扣子要——对应。

4. 互相展示自己穿好的外套,体验成功的快乐。

活动建议:

1. 示范扣扣子的步骤动作要慢,帮助孩子练习使用扣扣子的正确方法。

2. 大孩子给小孩子从上往下扣时,第一粒扣子动作要轻,提醒小孩子抬头以免碰到脖子弄疼小朋友。

3. 当幼儿成功学会扣第一粒扣子时,及时对幼儿给予鼓励和继续练习的语言。

活动二　扣按扣

活动目标:

1. 掌握扣按扣的正确方法。

2. 通过动手练习,增强自我照顾的能力。

3. 促进幼儿手眼协调,发展精细动作。

活动准备:按扣衣服

活动过程：

1. 以谈话的方式引起幼儿兴趣，认识按扣的结构名称。

2. 学习扣按扣的方法。

①左手二指捏住左边衣襟第一个子母按扣，右手二指捏住右边衣襟第一个子母按扣。

②将左边按扣和右边按扣对应整齐。

③用左、右手的大拇指肚力度向子母扣中心点相对发力，发出"啪"的声音。

④检查按扣是否扣好。

3. 大孩子可以帮助小孩子扣按扣。小孩子二指捏子母按扣，大孩子协助小孩子扣按扣，注意倾听子母按扣扣好时会发出"啪"的声音。

4.互相展示自己扣好的暗扣衣服,体验成功的快乐。

活动建议:

1.示范扣按扣的步骤动作要慢,帮助孩子练习使用扣按扣的正确方法。

2.大孩子给小孩子从上往下扣时,扣第一个按扣动作要轻,提醒小孩子抬头以免碰到脖子弄疼小朋友。

3.当幼儿成功学会扣第一粒扣子时,及时对幼儿给予鼓励的语言。

延伸活动:

可以尝试练习扣盘扣、粘扣等不同类型的扣子。

活动三 拉拉链

活动目标:

1.掌握拉拉链的正确方法:先用两手拉住衣服的底端,将拉头和插销合拢。

2.初步学习拉拉链,发展手指小肌肉动作,训练手指的灵活性。

3.通过练习,增强生活自理能力。

活动准备:

带有拉链的衣服一件(幼儿的衣服或成人的衣服)

活动过程:

1.以观察的形式导入引起幼儿兴趣,学习拉拉链的方法。

2.带领幼儿进行将拉链拉开的实操练习:

①左手按住前襟的上方,右手食指、拇指捏住拉链的拉环,轻轻地往下拉;

②然后右手向下拉,左手也跟着往下移;

③左手用力按住左襟,右手抓住拉环用力向下拉,使拉链左右分开;把两边的衣襟向左右分开。

3.带领幼儿进行拉上拉链的方法练习:

①合上左右衣襟,将右边的拉链头朝左边有沟的地方,由上往下套到底;

②左手按住右襟的下方,右手捏住拉环,朝上方轻轻拉上去。

4.尝试上下都带有拉链的衣服,增加难度挑战。

5.帮助自己的同伴或者弟弟妹妹拉拉链。

活动建议:

1.指导幼儿练习衣服放在桌面上拉拉链的方法。

2.指导幼儿练习衣服穿在身上时拉拉链的方法。

3.指导幼儿练习不同款式衣服的拉拉链方法。

延伸活动:

1.练习不同材质的拉链,尝试不同风格的拉链。

2.尝试拉鞋上的、包上的等不同地方的拉链。

抹　香　香

活动目标：

1.掌握抹香香的基本方法,并关注自己的仪容仪表。

2.看看、闻闻、说说及自己动手涂抹的过程中,感知香香瓶的形状、香味及颜色的不同。

3.通过自己动手,提高自我生活管理能力,体验"抹香香"的快乐。

活动准备：

香香一瓶、镜子

活动过程：

1.以谈话形式导入引起幼儿兴趣,认识香香,学习抹香香的方法。

2.与幼儿进行实操练习：

①打开香香瓶,伸出右手食指取出适量的香香,涂抹在脸部的额头、鼻子、脸颊两侧和下巴的部位。

②用手指轻柔地涂抹额头、鼻子、脸颊两侧和下巴部位的香香。

③用手掌由下至上画半圆形涂抹整个脸部的香香,直至香香被皮肤吸收,手触摸脸上不再有黏黏的感觉即可。

④大孩子可以帮助自己的弟弟妹妹涂抹适量的香香。

3.小朋友互相交流分享,感受仪容仪表整洁带来的美的体验。

活动建议:

1.指导幼儿对着镜子用手指点少量的香香往额头、鼻子、脸颊两侧和下巴部位涂抹。

2.指导幼儿用右手手指点少量的香香涂抹在手心,然后双手相对搓一搓,最后双手往脸上涂抹。

延伸活动:

1.可以自己尝试涂抹防晒霜、唇膏等不同类型的涂抹用品。

2.可以尝试洗澡后自己涂抹身体乳。

梳 头 发

活动一　扎马尾

活动目标:

1.学习掌握扎马尾的正确方法,并关注自己的仪容仪表。

2.通过动手练习,增强自我照顾的能力。

3.促进幼儿手眼协调,发展精细动作。

活动准备:镜子、梳子、发圈、发卡等

活动过程:

1.以谈话导入引起幼儿兴趣,认识各种梳头工具。

2.学习扎马尾的正确方法。

①手握梳子手柄,从上至下梳头发,将头发梳整齐,如有打结的地方就喷

上水再梳通。

②用梳子将头发分成两部分,根据头发的位置进行不同方向的梳理,如:前边、后边、左边、右边。

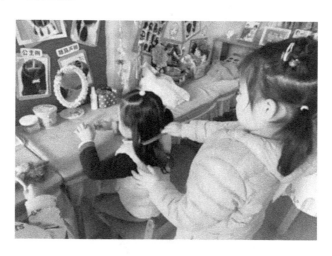

③左手抓住一束头发,右手将发圈套在五指上,张开五指将发圈撑大,然后将发圈穿过头发,套在上面并抓握住头发,左手拉住发圈转动交叉打结从里掏出头发,同样方法,直至发圈缠紧头发,成一个马尾。

3.夹上各种发夹进行装扮。

4.请小朋友观看马尾发型图,还可以将头发分成两股或以上,进行扎多个马尾。

5.大孩子可以帮助妹妹使用皮筋,扎出不同造型的马尾。

指导方法:

1.帮助孩子练习使用梳子的正确方法。

2.在合作时,注意梳头发动作要轻,以免弄疼小朋友。

3.练习正确使用扎发圈的方法,还可以夹上发卡进行装扮。

活动二 编辫子

活动目标:

1.掌握编辫子的正确方法,并关注自己的仪容仪表。

2.通过动手练习,增强幼儿自我照顾的能力。

活动准备:镜子、梳子、发圈、发卡

活动过程:

1.以谈话导入引起幼儿兴趣,认识各种梳头工具。

2.学习编辫子的正确方法。

①教师先用梳子将假发模型的头发梳顺,然后把头发平均分成三股。

②将左边一股和中间一股交叉,再用右边一股和中间交叉,交替重复进行,直至把头发编完,在发尾处用发圈扎好。

3.还可以夹上各种发卡进行装扮。

4.能编出两个或多个三股辫子。

5.弟弟妹妹扎皮筋,哥哥姐姐编辫子,一起分工合作完成发型设计。

指导方法:

1.帮助幼儿练习把头发均匀分成三股。

2.可以先尝试在发型模特上编辫子,熟练之后再邀请小朋友。

3.大孩子与小孩子合作时,引导弟弟妹妹观察模仿学习。

延伸活动:

1.可以尝试创编不同造型的辫子,如:糖葫芦辫子、哪吒辫子、蝎子辫子等。

2.结合传统文化,如中秋节,编出嫦娥发型。

3.引导小朋友在图纸上设计新发型,进行创造展示。

洗　　手

活动目标：

1. 帮助幼儿了解洗手的重要性，掌握正确的洗手方法。

2. 通过洗手、搓手、打肥皂等动作，锻炼幼儿手部、腕部的灵活性，知道要节约用水。

3. 帮助幼儿积累丰富的生活经验，获得自信和成就感。

活动准备：视频、肥皂、毛巾、洗手七部曲的图片

活动过程：

一、故事导入，引出问题：

1. 幼儿观看故事视频《一定要洗手》，思考并回答问题：

①故事里发生了什么事？

②皮皮想用手拿薯条吃的时候，小女孩对他说了什么？

③为什么要洗手？

二、学习洗手的方法。

1. 观看视频，初步感知正确的洗手方法。

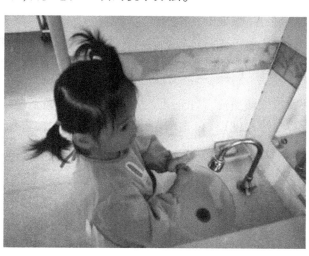

2. 出示图片，教幼儿认识肥皂、毛巾、水龙头等物品名称，并学会正确命名。

3. 带领幼儿观看洗手七部曲的图片,并让幼儿边进行手空练习,边说一说。

4.(实操练习)学习洗手的方法:

①(内):洗手掌,流水湿润双手,涂抹洗手液(或肥皂),掌心相对,手指并拢相互揉搓。

②(外):洗背侧指缝,手心对手背沿指缝相互揉搓,双手交换进行。

③(夹):洗掌侧指缝,掌心相对,双手交叉沿指缝相互揉搓。

④(弓):洗指背,弯曲各手指关节,半握拳把指背放在另一手掌心旋转揉搓,双手交换进行。

⑤(大):洗拇指,一手握另一手大拇指旋转揉搓,双手交换进行。

⑥(立):洗指尖,弯曲各手指关节,把指尖合拢在另一手掌心旋转揉搓,双手交换进行。

⑦(腕):洗手腕、手臂,揉搓手腕、手臂,双手交换进行。

5. 请个别幼儿试一试,提醒孩子挽袖子、水龙头不能开太大,要节约用水,同时鼓励、肯定幼儿好的做法。

6. 洗完手后,在水池上方甩三下,然后用毛巾擦手。(1.注意挽袖 2.避免溅湿衣服 3.把手上的肥皂冲干净 4.拉下袖子)

7. 大孩子可以帮助弟弟妹妹卷袖子,避免弄湿衣袖。

三、创设情境,练习洗手。

1. 教师出示水果盘,激发幼儿洗手的主动性。

2. 幼儿分成两组,通过实践练习正确的洗手方法,教师关注幼儿并给予指导,提醒幼儿使用正确的方法洗手。

四、活动小结

分享水果,通过谈话交流,帮助小朋友认识讲卫生的重要性。

小结:手上容易沾上细菌,在吃东西之前我们用刚才的方法洗手,就可以让我们变得健健康康。

活动建议:

1. 洗手时提醒幼儿挽袖子,并注意节约用水。

2. 洗手时的方法和洗手步骤,检查孩子是否冲净双手。

3. 洗手完毕,注意孩子是否拉下袖子。

延伸活动:

1. 可以逐步过渡到孩子在家自己洗脚、洗澡。

2. 生活中通过大带小帮助照顾,从而获得友情的关爱。

3. 可以让孩子自己体验洗袜子、洗内裤、洗衣服等。

擦　桌　子

活动目标：

1. 掌握擦桌子的正确方法,并进而掌握同一方向的擦拭方法。

2. 通过餐前餐后的动手练习,增强幼儿生活自理能力。

3. 锻炼幼儿手腕的灵活性,体验劳动活动的快乐。

活动准备:抹布一块、盘子一个

活动过程：

1. 以谈话形式引起幼儿兴趣,了解生活中擦桌子的正确方法,并体验操作。

2. 学习擦桌子的步骤方法：

①将一块抹布放入清水中浸湿,双手捞出并拧干。

②把抹布两次对边折成小正方形,右手持抹布,在桌子上呈 Z 字形方向来回擦拭。如果有脏东西,用抹布将脏东西擦到盘子里。

③用半干的抹布按此方法将水渍进行擦拭,直至把桌面擦干,无水渍。

④到水池旁清洗用具,并将用具归位。

⑤哥哥姐姐可以和弟弟妹妹结合,一干一湿共同将桌子擦拭干净。

3. 小朋友感受环境的干净整洁,体验成功的乐趣。

活动建议：

1. 在擦桌子前,指导孩子将抹布对边折两下。

2.擦完桌子后,教育孩子观察水渍,并指导幼儿用半干的抹布把水渍擦拭干净。

3.对孩子的劳务工作情况,及时给予肯定和鼓励。

4.指导幼儿完成工作后将抹布清洗干净,挂于通风处晾晒。

延伸活动:

1.可以延伸擦用具、擦杯子、擦碗。

2.可以尝试擦椅子、擦柜子、擦镜子、擦玻璃。

3.通过大带小一起完成工作,体验合作的乐趣。

洗 毛 巾

活动目标:

1.掌握正确的洗毛巾方法,并运用到生活中。

2.愿意参与力所能及的家务活动,自己的事情自己做。

3.通过活动,提高双手的灵活性和做事的条理性。

活动准备:小毛巾、肥皂、皂盒、小盆、搓衣板、小衣架或圆盘毛巾架

活动过程:

1.以谈话的方式引起幼儿的兴趣,认识毛巾的结构名称,学习洗毛巾的方法。

2.学习洗毛巾的方法。

①用小水盆盛水至有标记的位置处。

②将毛巾放入水中浸湿,铺左边一半在搓衣板上,拿肥皂从左而右,从上往下地打上肥皂,涂抹均匀后将肥皂归位。

③左手按毛巾上面,右手从左而右,从上向下搓,(指尖朝下),搓到干净即可。

④再将右边放到搓板上,同方法搓洗干净后,检查有没有未洗到的地方,再来洗一遍。

⑤双手将毛巾洗净提起来,双手拿毛巾两角向中间折,一手抓毛巾头,一手向下捋水。

⑥同方法,将毛巾在清水桶中洗干净并将水拧干净。

⑦双手拿毛巾角在左边侧身甩三次,水甩干净,将毛巾夹到晾衣架上。

⑧双手端起水盆,缓慢地将脏水倒入水池中,用抹布将盆擦干净,搓衣板擦干,进行归位。

3.哥哥姐姐洗毛巾、拧毛巾,弟弟妹妹晾毛巾,一起分工合作完成。

4.幼儿互相分享劳动成果,体验成功的快乐。

活动建议:

1.帮助幼儿正确掌握使用搓衣板和搓洗毛巾的方法。

2.大孩子和小孩子合作时,引导弟弟妹妹观察模仿学习。

延伸活动:

1.清洗毛巾后,尝试夹毛巾进行晾晒。

2.可以尝试清洗其他简单的衣物,如小衣服、袜子、手套等。

清 洗 杯 子

活动目标:

1.掌握清洗杯子的正确方法。

2.通过手部练习,提高小肌肉的灵活性。

3.提高幼儿的生活自理能力,学会自我服务。

活动准备:各种不同粗细的玻璃杯、塑料杯、不锈钢杯子、刷子、清洗剂、盆子、抹布等

活动过程:

1.以谈话的方式引起幼儿的兴趣,认识杯子的结构名称,学习清洗杯子的方法。

2.学习清洗杯子的方法。

（1）先用清水把杯子冲洗干净,在盆中倒入清洁剂和水搅拌均匀。

（2）把杯子泡入水盆中,左手拿杯子,右手拿清洁刷,用清洁刷顺时针转动依次刷洗杯子里侧、杯口,再用上下摩擦的方法清洗杯子外侧和杯底。

（3）打开水龙头,将清洗干净的杯子,同样的左手拿杯子,右手拿清洁刷,用流动清水依次将杯子的里侧、杯口、外侧、杯底冲洗干净,冲洗1~2次。

（4）用干净的抹布擦干清洗过的杯子,最后进行消毒或者晾晒。

3.大孩子和小孩子合作时,大孩子做第一遍的清洗工作,弟弟妹妹可以做冲洗工作,一起合作完成。

4.幼儿相互分享劳动成果,体验成功的快乐。

活动建议:

1.帮助幼儿练习使用清洁刷和海绵棒的正确方法。

2.练习对于污垢比较严重的地方用不同方法进行清洗。

3.取放时注意方法,以免弄碎杯子。

延伸活动:

可以尝试清洗不同用具:盆子、锅、铲子、勺子、瓶子等。

清 理 鞋 子

活动一　擦皮鞋

活动目标:

1.通过学习擦皮鞋的方法,培养孩子的独立生活能力。

2.锻炼双手的灵活性,体验动手操作的乐趣。

活动准备:皮鞋、鞋刷、鞋油、毛巾等

活动过程：

1.谈话导入,引导幼儿初步形成讲卫生、爱干净的意识,激发动手操作的兴趣。

2.学习擦皮鞋的方法。

①戴上防护手套、围裙、袖头等。

②把皮鞋放在方便操作的桌子上。

③根据鞋子的颜色选择与之颜色匹配的鞋油。

④一只手拿鞋,另外一只手握住鞋刷刷柄,用鞋刷侧面的刷毛把皮鞋表面上的灰尘和脏东西刷掉。

⑤将适量的鞋油挤到鞋头,用鞋刷均匀地将鞋油擦到鞋子的表面。

⑥用柔软的干毛巾在皮鞋表面来回擦拭,直到皮鞋泛出油光,变得光亮。

⑦将皮鞋放在阴凉、通风处晾一晾。

3.幼儿展示劳动成果,感受成功的快乐。

活动建议:

1.帮助幼儿练习使用鞋刷和鞋油的正确方法。

2.帮助幼儿了解各种鞋子的材质,知道只有皮质鞋面才可以擦鞋油。

3.挤鞋油要适量,可选择无色鞋油。

4.注意擦鞋油的时候不要擦到鞋带或者自己衣服上。

活动二:刷洗鞋子

活动目标:

1.培养幼儿讲卫生的良好习惯。

2.通过学习刷洗鞋子的方法,培养幼儿独立生活能力。

3.锻炼双手的灵活性,体验动手操作的乐趣。

活动准备:布鞋/运动鞋、鞋刷、水盆、洗衣粉等

活动过程:

1.以谈话的方式引起幼儿兴趣,了解不同材质鞋子的清洗方式。

2.学习刷洗鞋子的方法。

①戴上防护手套、围裙、袖头等。

②把鞋子放在方便操作的桌子上。

③水盆里接半盆水,水中加入适量的洗衣粉备用。

④一只手拿鞋,另外一只手握住鞋刷刷柄,上下反复刷鞋底,用流水将鞋底的灰尘和脏东西一并刷掉。

⑤将鞋子浸入洗衣粉水中,用刷子刷洗鞋子四周,污渍较重的地方,可着重添加洗衣粉或肥皂,适当用力,用刷子反复刷,直至刷干净。

⑥刷洗干净后,用流水将污渍、泡沫冲洗干净。

⑦将鞋子上的水控干,把鞋子立起来,放置于阴凉通风处晾干。

⑧大孩子和弟弟妹妹一起工作时,可以先让弟弟妹妹刷第一遍,然后检查弟弟妹妹哪里没有刷干净,自己再刷一遍,直到刷干净为止。

3.幼儿展示劳动成果,感受成功的快乐。

活动建议:

1.帮助幼儿练习刷洗鞋子的正确方法和步骤。

2.帮助幼儿了解各种鞋子的材质,知道只有布鞋才可以用水刷洗。

3.洗衣粉要适量,要把泡沫冲洗干净。

4.注意刷洗鞋子的时候不要把水洒到自己身上,避免弄湿衣物。

延伸活动:

1.可以尝试清洗不同材质的鞋子,比如:翻毛皮鞋、棉鞋等。

2.添置鞋蜡,可以在擦完皮鞋后给皮鞋进行打蜡养护。

3.家园共育亲子活动:在家帮爸爸妈妈刷鞋。

剪　指　甲

活动目标：

1. 认识指甲钳的特点和在生活中的作用，并掌握指甲钳的正确使用方法。

2. 通过剪指甲，锻炼手部的力量和手指灵活性。

3. 积累丰富的生活经验，养成讲卫生的好习惯。

活动准备：指甲钳、打磨器、手部指甲模型、小碟子

活动过程：

1. 以谈话的方式引起幼儿的兴趣，认识手的部位名称。

2. 学习剪指甲的方法。

①左手五指伸平，找到大拇指。

②右手捏指甲钳尾处，对准大拇指指甲突出的三分之一处，先在中间剪，再左右移动指甲钳依次剪两边突出的指甲。

③最后右手拿打磨器对准剪过的大拇指指甲，左右摩擦突出的指甲，将尖角地方修平，直到把指甲修成圆弧状。

④再依次修剪其他指甲。

⑤把剪掉的指甲装入小碟子，进行卫生整理。

3. 尝试自己为自己或他人剪指甲，先清洗双手，修剪方法如上。

4. 大孩子可以帮助弟弟妹妹修剪指甲。

活动建议：

1. 帮助幼儿练习指甲钳正确使用方法,安全教育,不要剪到手指。

2. 合作时,根据指甲的长短进行修剪,以免剪伤手指。

延伸活动：

可以尝试修剪植物。

沏 茶

活动目标：

1. 认识、了解各种常见的花茶及功效,学习基本的茶道礼仪知识和沏茶的步骤顺序。

2. 提高做事的专注力和秩序感,以及手眼协调能力。

3. 学习接待客人的礼节。

活动准备：菊花、玫瑰、茶具、白开水

活动过程：

1. 以谈话的方式引起幼儿的兴趣,认识茶具,学习沏茶的方法。

2. 学习沏茶的方法。

①依次清洗双手、桌垫、茶具。

②用三指捏住茶壶的盖子打开,放在桌垫上。左手拿住花茶瓶,右手打开盖子,用右手三指捏住里面的小勺舀一朵花茶,向上提起,向右平行移动到茶壶上,然后倒在茶壶的过滤网内。舀4~5朵花茶后,把花茶瓶的盖子盖好。

③将准备好的温开水对准茶壶口缓慢倒入,如果有洒出来的水,及时用抹布擦拭干净。

④等花茶泡 5~6 分钟后,用右手三指捏茶壶盖子盖好,伸出右手,将右手拇指插入茶壶圆孔柄内,四指向拇指握起来,左手二指压住茶壶盖子,避免掉落。把茶壶向上端起,平行移到水杯上方,把茶倒入杯子里。

⑤用此方法再沏 3 杯茶。

⑥活动结束后,将茶具进行清洗。

3. 大孩子和小孩子合作时,最后互相给对方敬茶。

活动建议:

1. 帮助幼儿取适量的白开水。

2. 指导幼儿学习倒茶的正确方式。

3. 在分享时,指导幼儿使用正确的敬茶礼仪。

延伸活动:

用金银花、枸杞、枣片、茶叶等沏茶。

压 果 汁

活动目标:

1. 掌握压果汁的正确方法,会使用压果汁器。

2. 通过使用压果汁器,促进幼儿手眼协调能力的培养。

3. 体验动手操作压果汁的乐趣。

活动准备:橘子、压果汁器、杯子、桌垫、垃圾桶等

活动过程：

1. 问题导入,老师出示一杯压好的果汁,问幼儿:这是什么？你也想做一杯这样的果汁吗？我们一起来试一试。

2. 学习榨果汁的方法。

①将需要的用具如橘子、压果汁器、杯子等全部进行清洗,并摆放在桌垫上。

②将橘子剥开一个口,把橘皮全部剥掉,把橘子一瓣一瓣剥开放在压果汁器里。

③右手四指并拢,拇指压在压果汁器柄的上面,四指压在压果汁器的下面,左手同样的方法压在右手外面,将压果汁器对准橘子,用力往下压。

④倒果汁时,双手抓住压果汁器的柄,把压果汁器里的果汁倒在杯子里。用小叉子把压果汁器里压过的橘子瓣取出来,放在小碟子里。

3. 大孩子可以帮助弟弟妹妹将果汁平均分到每个小杯子里,体验分享的快乐。

4. 将使用过的用具全部进行清洗,并一一归位。

活动建议：

1. 帮助孩子学会正确使用压果汁器,比如怎样用力压出果汁。

2. 倒果汁时引导孩子小心操作,将果汁倒进小杯子里,避免将果汁倒出来。

3. 大孩子帮助小孩子将果汁平均分到每个小杯子里。

①压西瓜汁,将西瓜切成小块,放在压果汁器里,方法同上,将压出的西瓜汁倒入杯子中,果肉用小勺子放在碟子里。将果汁平均分到小杯子中,和同伴

分享。

②压葡萄汁,将葡萄进行清洗后,放在压果汁器里,将压出的葡萄汁倒入杯子里,将果皮和果核取出放入垃圾桶,将果肉取出放入小碟子里可食用。

制作花生芝麻盐

活动目标:

1.掌握制作花生芝麻盐的正确方法,会添加适量的盐。

2.会使用捣碎用具,捣的时候掌握好力度,避免芝麻撒出来。

3.通过动手练习制作花生芝麻盐,体验动手操作的快乐。

活动准备:捣碎用具、花生、芝麻、盐、小碟子、小勺子、抹布、垃圾桶等

活动过程:

1.以谈话的方式引起幼儿的兴趣,讨论在生活中是否见过花生芝麻盐,是否吃过花生芝麻盐,味道怎么样,你想不想也来试一试?

2.学习制作花生芝麻盐的方法。

①将所需物品分别进行清洗后,放在小桌垫上。将花生、芝麻放在锅中温火炒熟后,花生剥开,花生壳放在垃圾桶里,然后把花生和芝麻倒在捣碎用具中。

② 在捣碎用具下面放一个抹布,避免发出噪音。左手扶捣碎用具,右手抓住木槌,把用具里的芝麻捣碎。把捣碎的芝麻用勺子舀出来放在小碟子里,依此方法继续进行捣花生芝麻的工作。

③在捣好的碎花生芝麻里加入适量盐,用小勺子搅拌均匀。

3.大孩子可以帮助小孩子将做好的花生芝麻盐,平均分开,给小朋友

分享。

活动建议：

1.帮助孩子练习使用捣碎用具的正确方法。

2.提醒小朋友加入适量的盐,避免过多。在小碟子里搅拌的时候小心,避免芝麻撒出来。

3.捣花生芝麻的时候,方法正确,木槌对准捣碎用具,避免芝麻撒出来。

延伸活动：

1.制作瓜子碎,将瓜子剥开,瓜子放在捣碎用具里,瓜子壳放在小垃圾桶里,方法同上,制作成美味的瓜子碎,给同伴一起分享。

2.捣坚果,将不同的坚果剥开,坚果壳放在垃圾桶里,坚果放在捣碎用具里,方法同上。

蒸　蛋

活动目标：

1.掌握蒸蛋的正确方法,会用搅拌器将鸡蛋打散,并加入适量的水。

2.丰富幼儿的生活经验,促进幼儿手眼协调,发展精细动作。

活动准备:鸡蛋一个、打蛋器、玻璃碗、小桌垫、案板、垃圾桶、盐或白糖

活动过程：

1.谈话导入,老师问幼儿:你都吃

过鸡蛋做成的什么食物？你吃过蒸蛋吗？今天我们一起来学习一下怎么制作蒸蛋。

2.学习制作蒸蛋。

①穿罩衣,将所需用具全部进行清洗后摆放在案板上。右手拿起清洗过的鸡蛋,左手扶玻璃碗。

②将鸡蛋在玻璃碗上磕出裂痕,双手拇指按住鸡蛋的裂口处,其余手指托住鸡蛋,把鸡蛋放在玻璃碗上,双手同时向外侧轻轻向外用力把鸡蛋打开。将蛋液倒入玻璃碗中,把蛋壳放进垃圾桶里。

③将打蛋器放入玻璃碗的蛋液中,双手手心相对,伸直手,用手掌把打蛋器的柄夹在两手之间。双手互搓打蛋器的柄,让打蛋器左右转动起来,直至蛋清与蛋液充分融合均匀。

④加入适量清水,同样的方法,用打蛋器均匀搅拌。

⑤加入适量的调味料如盐或白糖,还有香油等。同样的方法,用打蛋器均匀搅拌。

⑥在老师的协助下,在玻璃碗上盖一层保鲜膜,用牙签扎出一些小孔,然后将玻璃碗放到微波炉里,设定适合的温度蒸三分钟即可食用。

3.大孩子打蛋,小孩子搅拌,分工合作一起将蒸蛋均匀地等分,给其他小朋友分享,体验分享的喜悦。

4.清洗所有使用过的用具并一一归位。

指导方法：

1.帮助孩子掌握打蛋的正确方法,如何用打蛋器将蛋液均匀搅拌。

2.小心不要把蛋壳打入玻璃碗中。

3.从微波炉和蒸锅中取出蛋碗要由家长帮忙或监督,注意安全,防止烫伤。

延伸活动：

1. 蒸布丁，用同样的方法将打开的鸡蛋用打蛋器均匀搅拌后，加入一盒旺仔牛奶，继续搅拌均匀。在老师的协助下，在玻璃碗上盖一层保鲜膜，用牙签扎出一些小孔，然后将玻璃碗放到微波炉里，设定适合的温度蒸三分钟即可食用。

2. 紫菜蛋羹，用同样的方法将打开的鸡蛋用打蛋器均匀搅拌后，加入一些碎紫菜，继续搅拌均匀。在老师的协助下，在玻璃碗上盖一层保鲜膜，用牙签扎出一些小孔，然后将玻璃碗放到微波炉里，设定适合的温度蒸三分钟即可食用。

糖拌西红柿

活动目标：

1. 掌握制作糖拌西红柿的正确方法，并会根据自己的口味添加白糖。

2. 促进幼儿手部肌肉精细动作的发展。

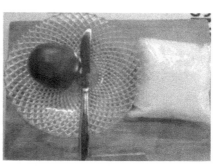

3. 通过动手练习，增强自我照顾的能力，丰富幼儿的生活经验。

活动准备：案板、桌垫、牛排刀、玻璃碗、小勺子、白糖、西红柿等

活动过程：

1. 谈话导入，老师问：你吃过西红柿吗？如果在里面加入一点儿糖会变成什么呢？我们一起来试一试吧！

2. 学习制作糖拌西红柿。

①将所用物品如：桌垫、案板、牛排刀、玻璃碗、小勺子、西红柿等清洗干净。

②将西红柿放在案板上,左手扶西红柿,右手拿牛排刀,将西红柿一分为二,依次切成小块儿,放入玻璃碗中。

③根据自己的需要加入适量白糖,均匀搅拌后,放置20分钟后即可食用。

3.用清水清洗使用过的用具,并一一归位。

4.大孩子可以帮助小孩子,把糖拌西红柿平均分到小碟子里,体验分享的快乐。

活动建议:

1.帮助孩子练习使用牛排刀的正确方法。

2.在合作时,引导大孩子用正确的方法来教小孩子把西红柿切得小块儿点。

3.引导孩子尝试将西红柿切成一瓣一瓣的形状,撒上白糖,做成小拼盘。

延伸活动:

1.制作凉拌黄瓜:幼儿可以尝试切黄瓜,并在已有经验基础上将黄瓜切成不同的形状如:圆片状、条状、正方形等,放入食盐、香油、醋等调料,搅拌均匀即可食用。

2.水果拼盘:选择不同的水果,如:香蕉、火龙果、苹果等,根据不同的水果特点将它们切成不同的形状,有规律地摆放在盘子中,制成精美的水果拼盘。(老师在水区为幼儿准备制作水果拼盘的提示卡)

3.凉拌蔬菜大拼盘:将所需要的蔬菜切成小块,加入适量的食用盐、香油、食用醋等,搅拌均匀,倒入盘子中。

水 果 拼 盘

活动目标:

1.通过切水果,锻炼幼儿手部力量和腕部动作的发展。

2.乐意参加制作活动,体验劳动的快乐。

3.根据自己的想法用切好的水果拼出图案,从而获得自信和成就感。

活动准备:课件、水果盘、水果刀、水果(苹果 橘子 香蕉 等)、垃圾桶 、提示卡

活动过程:

一、教师展示水果课件,引起幼儿兴趣

1.教师提问:你们认识这些水果吗?

2.认识各种水果:苹果、草莓、菠萝、香蕉、梨、橙子、葡萄、哈密瓜、西红柿等。

3.这是老师已经切好的水果,你们还认识吗?

提问:这些水果是什么颜色?是什么形状?像什么?香不香啊?它的味

道可好了。除了吃还可以干什么?

4. 教师变魔术出示水果拼盘。

5. 欣赏水果拼盘课件:今天老师给小朋友们带来了很多水果,我们一起来做水果拼盘吧!

二、教师介绍用具和制作方法,幼儿尝试制作水果拼盘

1. 教师取出用具,有序地摆放在桌子上,一一向幼儿介绍各种用具的名称。

2. 向幼儿讲解制作的方法。

①清洗用具和水果。

双手取出拼盘所使用的水果放在洗水果盆内,端到水管处,打开水龙头,双手搓动水果,将水果一一清洗干净,然后将水果放于案板控水备用。

②为水果削皮,提醒幼儿削皮时的方法和安全:

把清洗干净的水果一一取出,右手持削皮器,左手拿水果,用削皮器把水果从外向里、一条一条地将水果进行削皮,并把削掉的果皮放进垃圾桶内。

③把水果进行切块处理,并向幼儿详细讲解切水果时的方法和手法:

右手持水果刀,左手五指按压水果,防止水果滚来滚去,一一对水果进行切块、去核等处理,并将切掉水果核放到垃圾桶内。

3. 哥哥姐姐带领弟弟妹妹一起工作,明确分工,弟弟妹妹将切好的水果块儿或片儿双手五指并拢,搓至盘内进行备用,哥哥姐姐进行造型拼盘。

4. 最后两人将切好的水果在盘子里进行拼摆整理,并进行拼摆再创造。体验拼摆劳动的快乐和成就感。

三、水果拼盘展示

1. 请幼儿把自己做的拼盘展示在桌上,组织幼儿互评作品。

2. "你喜欢哪盘?""为什么"(颜色搭配漂亮,排列有序)

四、拍照留念,情感教育

1. 给小朋友的作品拍照留念。

2. 小结:小朋友今天学会了做水果拼盘,可以回家做给家人品尝。

活动建议:

1. 如何使用刀具和削皮器,注意刀具使用时的卫生和安全。

2. 提示幼儿可根据自己的想法和经验,用切好的水果进行拼摆图案,也可参考提示卡。

3. 学习不同水果、不同蔬菜的切法和拼摆方法。

4. 使用夹子夹水果、蔬菜的动作练习。

延伸活动:

1. 可以进行蔬菜拼盘、火腿拼盘等工作。

2. 注重食物间的荤素搭配和营养搭配。

3. 此项工作可以大带小分工合作。

制作三明治

活动目标:

1. 练习制作三明治的方法,乐意参加制作活动,体验劳动的快乐。

2. 通过动手练习,锻炼自我服务技能。

3. 促进幼儿手眼协调,发展精细动作。

活动准备:面包片、火腿肠、鸡蛋、生菜、牛排刀、电饼铛

活动过程:

1. 师幼谈话,引出主题,并向幼儿介绍今天工作的名称,引起幼儿兴趣。

2. 向幼儿介绍工作的用具和方法：

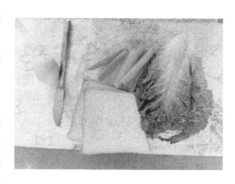

①将两片面包片小心地放在电饼铛上加热至两面焦黄备用。

②将鸡蛋洗干净后，右手拿鸡蛋，将鸡蛋轻轻在电饼铛边沿磕几下，磕出小口儿后，四指并拢，虎口张开，把鸡蛋放于两手虎口处，扒住小口儿，拇指使劲往两边打开鸡蛋壳，将鸡蛋打入电饼铛内，双面加热直至熟透，将鸡蛋捞出备用。

③注意用刀的安全，并详细说明持刀工作的方法：

右手持刀，四指握刀，食指放于刀背处，左手扶火腿肠，用牛排刀将火腿肠的肠衣从一端前后切开，剥掉肠衣，用同种方法把火腿肠切成长条状，装盘备用。

④清洗蔬菜：取出一棵生菜，左手五指拿菜，右手三指掰下生菜的两到三片嫩叶，放至洗菜盆内，端到水管处将菜洗干净控水备用。

⑤双手取一片烤好的面包片放在盘子里，取面包片时注意不要烫伤。右手用夹子把切好的火腿肠条、煎好的鸡蛋、洗干净的生菜由下到上分别放置在面包上，最后在最上面放上另一片烤好的面包片即可。（也可把做好的三明治面包对角切成三角形食用）。

3. 在制作过程中，由于步骤比较多，哥哥姐姐可以带领弟弟妹妹一起工作，做好分工，共同合作。哥哥姐姐可以把择菜、洗菜和切火腿肠的工作交给弟

弟妹妹完成,进一步增强孩子对劳动的兴趣和成就感,提高幼儿自我服务能力。

活动建议:

1. 使用电饼铛时注意(电和热)使用安全。

2. 练习使用刀具的方法,注意使用刀具的安全。

3. 在制作三明治时注意各个环节中的食品卫生。

4. 择菜、洗菜的动作练习。

延伸活动:

1. 加入其他食材,制作出不同味道的三明治。(如培根、黄瓜、肉松等)。

2. 可以大带小,两人分工进行三明治的制作工作。

3. 可加入酱料:如番茄酱、沙拉酱、果酱等。

磨 豆 浆

活动目标:

1. 初步了解传统制作豆浆的过程,培养幼儿爱喝豆浆的习惯。

2. 乐意参加制作活动,体验劳动的快乐。

3. 发展幼儿的创造性思维和动手能力。

活动准备:

石磨一台,泡好的黄豆一盆,豆浆桶或盆子、杯子、水,滤网或纱布袋等

活动过程:

1. 教师端出一杯实物豆浆,让幼儿猜一猜里面是什么。

让幼儿闻一闻香不香,通过气味进一步辨别杯子内的液体是什么。

出示实物豆浆,揭秘答案。引起幼儿兴趣:你知道古时候豆浆是怎么制作出来的吗?

2.教师出示磨豆浆的工具,帮助幼儿认识各种操作工具和材料。

3.示范磨豆浆的正确方法:

①在石磨的操作孔中放入浸泡过的黄豆和适量的水,右手按顺时针方向转动石磨,左手视情况加豆或加水。(注意石磨旋转方向,加豆加水交替的操作方法)。

②把豆浆桶放在石磨嘴下方,注意石磨嘴和豆浆桶对应放好,能够接住流出的豆浆。

③左手持豆浆桶,右手扶好过滤容器,把磨好的豆浆用纱布或滤网进行浆、渣分离。

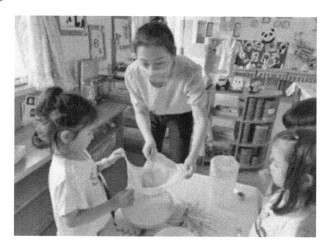

④将分离好的豆浆倒入锅中,将锅放于电磁炉上进行烧煮,不能盖锅盖,防止豆浆在煮沸过程中溢出锅外,右手持大勺进行搅拌,防止粘锅,待豆浆表层的泡沫完全消失后关火。

⑤将煮好的豆浆冷却到适宜温度后,进行分享品尝。(可根据个人口味加入白糖)。

4.哥哥姐姐可以带领弟弟妹妹一起工作,把对应壶嘴、搅拌、放糖的环节交给弟弟妹妹,共同把这项工作完成。体验劳动后的成功和喜悦。

活动建议:

1.可以小朋友们进行合作,一位转动石磨,一位加水,一位加豆,体验合作乐趣。

2.注意加豆、加水要交替进行。

3.探索过滤豆渣的方法。

4.进行卫生教育。

延伸活动：

1.将泡好的豆子放入手动豆浆机和电动豆浆机中,体验手动电动不同的特点和优势。

2.将豆渣做成菜。

3.自制五谷豆浆等等。

穿 饰 品 链

活动一　穿手链

活动目标：

1.通过穿手链,锻炼幼儿手部精细动作,提高手眼协调能力。

2.了解手链的功能,知道生活中可以用一些装饰品丰富自己的生活,提升审美能力。

3.感受生活中的美,激发幼儿热爱生活的情趣。

活动准备：

各种形状、颜色的珠子,毛根,小盒子,提示卡

活动过程：

1.教师展示穿珠子的用具,带领幼儿认识用具名称,引起幼儿的兴趣。

2.教师向幼儿演示穿手链的方法。

①双手取出穿饰珠的托盘,将装有饰珠的盒子、绳子和提示卡一一取出并摆放于桌面上。

②左手取出一根毛根,右手在毛根的末端系住一颗珠子,双手将珠子打结固定。

③左手二指捏珠子,右手拿毛根,两手配合,眼睛注视对孔把毛根穿入珠子孔内。

④依同样的方法逐个把珠子穿到毛根上,最后将毛根一端压住毛根的另一端,将压在下面的一端毛根往上卷起,向里向下穿在交叉圈里,反复2~3次进行头部和尾部交叉打结固定,防止饰珠接口处松开,造成珠子的散落。

3.可以让大孩子带领小孩子进行穿手链的工作,让哥哥姐姐指导弟弟妹妹

妹进行有规律的穿珠排列,进一步体验穿手链的乐趣。

活动建议:

1. 提醒幼儿穿珠子时应拿稳,防止从手中滚落。

2. 穿手链时注意珠子色彩和造型的搭配,看起来更有美感。

3. 鼓励幼儿用左右手交换的方法练习穿珠子。

活动二　穿项链

活动目标:

1. 发展幼儿手眼协调能力与手指的灵活度。

2. 培养幼儿敏锐的观察力和专注力。

3. 培养幼儿的序列感和逻辑思维能力。

活动准备:

各种形状、颜色的珠子,穿线绳,小盒子,提示卡

活动过程:

1. 教师取出穿项链的用具,向孩子们介绍各种用具的名称和珠子的形状,让幼儿初步感知串珠的色彩,引起幼儿工作的兴趣。

2. 教师讲解工作的步骤,让幼儿了解工作的方法。

①左手取出穿线绳,在穿线绳的末端系住一颗珠子,按照活动一的方法进行打结固定。

②左手二指指尖向上拿住穿线绳,同时右手拇指指提示卡的第一颗珠子,

用眼睛观察饰珠盒子里的哪颗饰珠与提示卡上的第一颗珠子是一样的,取出穿在穿线绳上。

③用同样的方法将提示卡上的饰珠对应穿在穿线绳上,可把珠子按照ABAB/ABCABC/ABCDABCD/AABAAB等序列进行排列。

④穿好的饰珠左右两端按照活动一的打结方法分别固定上圈和扣儿。

3.工作后,可以鼓励大孩子帮助弟弟妹妹进行打结,并进一步引导幼儿进行其他规律的排列形式。

活动建议:

1.提醒幼儿穿珠子时应拿稳,防止从手中滚落。

2.穿项链时注意珠子色彩和造型的搭配,看起来更有美感。

3.鼓励幼儿可用左右手交换的方法练习穿珠子。

延伸活动:

1.穿头饰链、脚链。

2.用瓶盖、扣子、吸管等其他材质的物品穿项链。

编 织 包

活动目标:

1.了解并认识编织材料和工具。

2.能独立、耐心地编织手包,体验成功感并表现美。

3.发展小肌肉动作和手眼协调能力。

活动准备：

一次性筷子、空纸盒(纸盒边缘剪成锯齿状)、粗毛线团、胶枪、双面胶、剪刀、包袋编织图片或视频

活动过程：

1. 取出一次性筷子、空纸盒、毛线团、胶枪、双面胶。右手拿一次性筷子,左手拿胶枪,把胶涂到纸盒上,再把一次性筷子对齐纸盒底粘上去,依次把筷子平均固定到纸盒上。

2. 在纸盒上粘上双面胶,右手大拇指和食指捏住毛线的一头在纸盒上缠绕,把纸盒全部用毛线绕完。

3. 右手两指捏着毛线,将毛线按顺时针方向依次在第一根筷子上缠绕一圈,拉直毛线再缠绕到下一根筷子上,以此类推,反复循环,直到把所有的一次性筷子缠绕完。

4. 用剪刀剪开毛线,右手拉直毛线,缠绕到筷子上,将毛线头绕一个小洞,将毛线头掏出来,将其打结收尾。

5. 最后取出一根长粗线,右手拿胶枪在包的两边涂上胶,将线的两头固定上。

6. 弟弟妹妹帮助哥哥姐姐缠绕纸盒子,一起合作完成编织包。

指导方法：

1. 帮助孩子学习编织包的正确方法。

2. 在使用胶枪固定时,注意安全,以免烫伤。

3. 编织完成后,还可以用其他的材料装饰编织包。

延伸活动：

编织其他的小毛线饰品、毛球、小花、挂饰。

缝 衣 服

活动一　缝扣子

活动目标：

1.通过自主操作掌握缝扣子的正确方法,体验生活的乐趣。

2.通过学习穿针引线缝扣子,增强自我服务能力。

3.促进幼儿手眼协调,发展精细动作。

活动准备:图片、针线盒、各种各样的扣子、小衣服、布等

活动过程：

一、激趣导入：

1.看图片,找不同。

教师:请小朋友观察这两幅图,找出小熊身上不同的地方? 看看谁的观察能力强?

幼儿:小熊两件衣服一件有扣子,一件没有扣子。

教师:那就让我们一起来帮小熊把扣子缝上,好吗?

2.认识绣绷、针、线、纽扣等操作用具。

二、学习缝扣子的方法。

1.教师演示缝扣子的方法:

①选出一件衣服平铺到桌面上,将绣绷分别放置于衣服的上下两端,对其扣紧,将需要缝扣子的部位卡到绣绷之中。

②根据衣服颜色和扣眼大小选择合适的扣子、缝衣针及缝衣线,一一摆好备用。

③用剪刀裁取长度适宜的缝衣线。

④左手拿针,右手两指拿线对准针眼穿入,两指轻轻捏住穿过的线头,缓慢拉出,与另一端线头对齐,线底部打结。

⑤拿起扣子在衣服上找到合适的位置放好,两指捏住针的中后段,针尖垂直向下从扣眼穿入,从反面捏住穿过的针,向外拉出将线拉紧,再自下而上从另一个扣眼中将针穿出,二指捏住针,向外拉,将线拉紧。上下反复穿入扣眼,

缝好后打结。

⑥用剪刀将剩余的线剪掉,将针线收整好放回原处。

2.出示缝扣子流程图:请小朋友看操作流程图,学习缝不同种类的扣子。

3.提示大孩子可以帮助弟弟妹妹打结,也可以两人合作,分别站在布的两端,一人从前面将针穿过,另一人在后面接住针,再从后向前穿针,反复进行,直至将扣子缝好。

三、情感教育:

1.今天我们学习了缝扣子,是不是很有趣?

2.鼓励幼儿在家尝试自己缝扣子,并在生活中学会自己的事情自己做。

活动建议：

1.向幼儿介绍缝扣子的方法,以帮助"扣子"找家的形式,激发幼儿的操作兴趣。

2.提醒幼儿缝扣子时注意安全,避免扎伤。

3.教幼儿给线打结。

延伸活动：

缝不同的扣子,如:暗扣、四孔扣、珍珠扣等等。

活动二　缝衣服

活动目标：

1.掌握缝衣服的正确针法,增强自我服务能力,体验生活的乐趣。

2.通过学习探索各种缝纫针法,促进幼儿手眼协调,发展精细动作。

活动准备:针线盒、破旧的衣服、裤子等等。

活动过程：

1.以谈话方式引起幼儿兴趣,观察了解衣服破损的程度。

2.学习缝衣服的方法。

①选出一条裤腿开缝的裤子(裤缝是黑色的,也要用黑色线进行缝纫)。

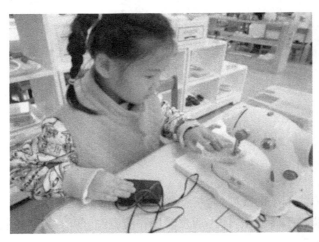

②将裤子开缝的地方反面朝上,并用左手把开缝的两边对应捏好,右手拿住穿好线的针。

③将针头对准开缝的最边缘进行起针,从下至上穿过,将线拉平,向前移动,再从上至下穿过,将线拉平,沿着裤缝开口的方向,从一头缝至另一头。注意缝的距离要均匀。

④缝到最后的地方进行打结(左手拉住线反绕呈圈状,右手拿针从圈内穿

过,左手顺势拉住线,按压到底端,右手将针线向上拉平,一个结完成,打多个结会比较结实)用剪刀修剪一下余线。

⑤将裤腿翻出,检查裤缝缝合是否完整均匀。

⑥请小朋友看操作流程图,学习缝纫的不同方法,如:平针缝、锁边缝、回针缝、缩缝等等,适用于不同破洞或破裂的衣物。

⑦哥哥姐姐可以和弟弟妹妹合作完成,弟弟妹妹帮忙进行穿针,拉好衣服进行配合,哥哥姐姐进行缝纫打结。

3. 幼儿展示成果,体验成功的快乐。

活动建议:

1. 提供图片示范缝纫方法流程图,让幼儿观察,不同破裂的部位可以用不同的缝纫方法。

2. 向幼儿介绍并示范平针缝、锁边缝,这两种最常用的方法,可以先在布片上进行操作练习。

3. 提醒幼儿缝纫时注意安全,避免扎伤。

活动三　做小枕头

活动目标:

1. 掌握穿针引线的正确方法,学习缝枕头。

2. 通过学习穿针引线缝扣子,增强自我服务能力。

3. 促进幼儿手眼协调,发展精细动作。

活动准备:剪刀、针、线、布、棉花

活动过程:

1. 谈话导入引起幼儿兴趣,认识制作枕头的用具。

2. 学习制作枕头的方法。

①准备一块儿布,反面向上对折。

②左手拿针,右手两指拿线对准针眼穿入,两指轻轻捏住穿过的线头,缓慢拉出,与另一端线头对齐,线底部打结。

③用针线将折好的布其中三条边缝起来,留一侧小口不缝。

④将缝好的枕套从内到外翻过来,从开口处塞入棉花。

⑤最后,将开口处缝合起来,缝好后打结,用剪刀将剩余的线剪掉,将针线收整好放回原处。

⑥大孩子和小孩子合作时,可以让弟弟妹妹帮忙填棉花,也可以让弟弟妹

妹设计、裁剪枕头的形状,哥哥姐姐来缝。

　　3.幼儿展示成果,体验成功的快乐。

　　活动建议:

　　1.帮助幼儿了解缝枕头的方法,以及走针的方法。

　　2.提醒幼儿缝枕头时注意安全,避免扎伤。

　　3.大孩子与小孩子合作时,引导弟弟妹妹观察模仿学习。

　　活动四　设计服装

　　活动目标:

　　1.帮助幼儿了解制作服装的过程,感受辛勤劳作的不易。

2.学习用折、剪、缝的方式,进行服装设计。

3.培养幼儿观察能力和动手操作能力。

活动准备:针线盒、缝纫机、各种各样的布料、剪刀、花边布等

活动过程:

1.欣赏各种服装杂志,激发幼儿兴趣,并引导幼儿在图纸上画出自己设计服装的样式。(如:女孩子的裙子有连衣裙、背带裙、半身裙,什么样的花边?加什么图案?)

2.选择适合制作服装的布料,包括颜色的搭配、布料的拼接等等。(如上衣短袖用白色的棉布,领子用绿色蕾丝花边做点缀,下边半身裙用绿黄相间的格子布等。)

3.请来小模特,为他测量尺寸(测量人体的身长、臂长、腰围、脖子、袖口等部位,并把数字记录下来)。

4.根据设计图纸和记录的测量数字,在选好的布料上,用尺子和粉笔画出长度进行裁剪。(如:把衣服裁剪成片后进行编码,写上数字排列好)。

5.使用缝纫机,把各衣片组合成一件服装。(根据缝制的针脚大小,调好缝纫机的位置,底线缠好,用左手拉着穿好针的线,用右手转动一下右手轮,布料放在压板中间,机针正对着线条,让它们沿着同一轨迹前行)。

6.需要手工缝合的地方,在针线包里选出适合搭配颜色的棉线,进行缝纫。

7.将制作好的服装进行熨烫处理。

8.小模特进行试穿。

9.哥哥姐姐可以带领弟弟妹妹一起合作完成。弟弟妹妹一起帮忙进行测

量尺寸、拉伸按压布料,修剪花边等等。

10.幼儿展示成果,体验成功的快乐。

活动建议:

1.幼儿积累在画纸上设计制作服装的经验,熟悉了解服装制作的过程。

2.提醒幼儿使用缝纫机时注意安全,避免扎伤。

3.在裁剪时,教给孩子一些对折剪、挖洞、花边剪的方法。

延伸活动:

1.可以尝试设计不同造型的服装,如:西装、马甲、长裙、泳衣等等。

2.在材料的选择上可以更加开放和丰富,如:塑料袋、报纸、包装袋等一些低结构的材料再利用。

布 置 餐 桌

活动目标:

1.通过布置餐桌,培养幼儿关爱他人的美德。

2.体验分类、整理的能力,养成良好行为习惯。

活动准备:餐盘、碗筷、勺子、餐巾纸、抹布

活动过程:

1.以谈话的方式引起幼儿兴趣,认识各种餐具的名称

2.学习布置餐桌的方法。

①将餐巾纸盒放于桌面的左边,方便幼儿取出餐巾纸。

②将餐盘放在桌面的正中间。

③将湿过水的抹布拧干,双手握紧平铺在桌面上的抹布进行对折,分别捏住抹布下方两角,找到上方两角轻轻地进行对折,左手压着布,用右掌将抹布抚平。用食指、中指沿着折线的地方由左向右滑过,把对折的抹布短边对着自己的身体,捏住下面两个角,再慢慢地对向上端的角。

④根据幼儿的人数,点数相应数量的碗筷或勺子,分别放在餐桌指定的位置。

3.大孩子和小孩子分工合作,进行布置餐桌的准备工作。

活动建议:

1.引导幼儿将餐具摆放在固定有标记的位置。

2.引导幼儿思考班级有多少小朋友,要准备多少套餐具。

3.大孩子与小孩子合作时,引导弟弟妹妹观察模仿学习。

延伸活动:

1.幼儿可尝试在家进行餐具准备和发放。

2.引导幼儿进行餐具的清洗以及餐桌的清理。

3.让幼儿了解中国餐具有筷子、勺子、叉子;西方餐具有:餐刀、叉子、汤勺、刮刀。

钉 板 画

活动目标:

1.帮助幼儿初步掌握扎的基本方法,提升幼儿手眼协调能力。

2.通过练习三指捏,发展幼儿精细动作,锻炼手部的小肌肉能力。

活动准备:彩色工字钉、带图案扎板、提示卡

活动过程:

1.以谈话的方式引起幼儿兴趣,认识钉板画的结构名称,学习扎的方法。

2.学习扎的方法。

①左手扶扎板左下角,右手三指张开,从筐子里捏出一个工字钉,水平地移动到带有图案的扎板上面。

②左手拇指要指向要扎的图案线,右手三指捏出钉子,按照图案有序地扎到扎板图案线上。

3.根据提示卡上的颜色图案,把相同颜色的钉子扎到扎板图案线上(由易到难)。

4.大孩子和小孩子合作扎出有趣的图案。

5.用作品布置装饰教室环境,体验成功的乐趣。

活动建议:

1.指导三指捏钉子的方法,注意不要扎到手。

2.让孩子由易到难,能把钉子扎到线上,并能根据提示卡,做出相应的图案。

延伸活动:

1.可以尝试扎不同的图案,如:房子、太阳、苹果、旋转木马等。

2.结合平时自己的喜好,能在空的扎板上扎出自己想象的图案。

魔 珠 挂 饰

活动目标:

1.帮助幼儿认知颜色,掌握夹魔珠的方法。

2.通过动手操作,发展幼儿精细动作,锻炼手部的小肌肉能力,提升幼儿手眼协调能力。

活动准备:水雾魔珠、魔珠盒、魔

珠夹、魔珠笔、模板、喷壶、刮刀

活动过程：

1.以谈话的方式引起幼儿兴趣,认识魔珠挂饰的结构名称,学习夹魔珠的方法。

2.学习夹魔珠的方法

①取出水雾魔珠提示卡,翻页找到自己喜欢的图案,放在身体的左侧。

②取出装有水雾魔珠的盒子,轻轻地放在提示卡的右侧,左手扶着水雾魔珠盒子一侧,右手大拇指和食指将魔珠盒盖子打开,依次把喷壶、魔珠笔放在提示卡的上方。

③取出模板,放在魔珠盒的下面,取出魔珠夹,右手三指捏魔珠夹,从魔珠盒里依次夹出提示卡上面对应的颜色,轻轻平移到模板上,开始在模板上摆出自己喜欢的造型和颜色。

④造型摆好后,取出装满水的喷壶对着造型喷洒。仔细检查每一粒魔珠都喷湿后,双手握紧模板两侧放置于有阳光的窗边,静静等待 60 分钟,让水分晾干。

⑤等待彻底晾干后,用铲刀轻轻铲出自己制作的造型,用挂饰环穿入留有小口的地方,进行挂饰制作。

3.请小朋友观看魔珠挂饰的提示卡,根据提示卡操作还可以制作不同图案造型的挂饰。

4.大孩子可以帮助小孩子穿挂饰环,共同合作完成魔珠挂饰。

5.用作品一起布置装饰教室环境,体验成功的快乐。

活动建议：

1.教会孩子使用魔珠笔、魔珠夹的正确方法,稳而轻。

2.引导幼儿在给魔珠喷水时,要仔细观察是否每粒魔珠都有喷到水,以防晒干后没有喷到水的魔珠不易黏合在一起。

3.练习正确使用制作魔珠挂饰的方法,还可以发挥想象力进行魔珠装扮。

延伸活动:

1.可以借助配件尝试制作不同图案造型的魔珠饰品,如:钥匙扣、陀螺、戒指。

2.结合日常生活发挥幼儿想象力,可以让挂饰来装扮我们的生活用品。

3.引导小朋友在图纸上设计挂饰图案,进行创造展示。

擦 镜 子

活动目标:

1.通过练习擦镜子的基本方法,培养幼儿做事的专注力和秩序感。

2.体验动手操作的乐趣,增强自我对环境照顾的能力。

活动准备:镜子一块、抹布一块儿、喷壶一个(喷壶内装洗洁精水)、幼儿防水罩衣一件

活动过程:

1.以谈话的方式引起幼儿兴趣,认识镜子的结构名称,学习擦镜子的方法。

2.学习擦镜子的方法。

①左手握喷嘴处,食指和大拇指同时按压,使喷壶中的水喷在要擦的镜子上,如镜面比较脏的地方可喷多次水。

②右手拿抹布,中心对折布,在镜面有水处进行擦,根据要擦的镜面大小可进行不同方法擦,如:上下擦、左右擦、转圈平行擦。

③将抹布换另外一面擦,反复进行擦镜子,擦至镜面无水的痕迹。

3.请小朋友观看擦镜子流程图,还可以用海绵或者报纸,进行不同材料擦镜子的体验。

4.大孩子可以教弟弟妹妹擦镜子的正确方法,使镜面明亮无水的痕迹。

活动建议:

1.指导幼儿用打湿半干的毛巾擦镜面。

2.指导幼儿用喷壶打湿镜面,用半干毛巾擦拭镜面。

3.指导幼儿用喷壶打湿镜面,先用半干毛巾擦拭镜面,再用报纸擦拭镜面上水的痕迹。

延伸活动:

1.可以尝试擦不同造型的镜子,如:穿衣镜、梳妆镜、手持镜等。

2.利用班级环境,可擦拭班级玻璃窗、门窗等镜面。

在使用擦镜面材料上,让幼儿了解用擦镜布擦面积小的镜面。使用刮刷擦面积大的镜面。

插　　花

活动目标:

1. 了解插花的基本方式,根据不同的容器学习插花组合。

2. 了解不同的花代表不同的花语,感受插花的艺术之美,体验创作的快乐。

活动准备:图片、废旧的花瓶、玻璃瓶、杯子、花泥(或吸水海绵)、剪刀、花卉若干

活动过程:

一、出示图片,引出话题:

1. 教师:今天老师给小朋友带来了几幅图片,请小朋友欣赏一下。

2. 图片上的花束漂亮吗? 这是经过花艺师修剪搭配做的花束,今天我们

也来学习怎么插花。

二、认识插花所需要的用具名称,学习插花方法。

1. 教师——介绍插花所需用品和工具。

2. 教师演示插花方法:

①选择一个喜欢的瓶子作为花瓶,将花泥(或者吸水海绵)剪成适合瓶子的大小。

②将花泥或吸水海绵放进水里自然吸水,然后放进选择的花瓶里。

③选择主花朵开始插入花泥里,可以是单枝也可以是多枝,也可以是短枝和长枝相搭配,根据自己的需要用剪刀剪长短。

④选择与主花朵颜色和种类相匹配的叶子插入花泥的四周。

⑤利用其他的小叶子或小花朵再进行装饰搭配。

⑥大孩子和小孩子合作进行装饰:大孩子可以让弟弟妹妹帮忙选取和插放花枝,再进行美观的造型修剪。

3. 幼儿尝试进行插花,教师巡回指导。

三、活动结束

师生一起将做好的插花进行环境布置,体验美的感受。

活动建议:

1. 幼儿在剪花枝时注意使用剪刀的安全。

2. 提醒幼儿花枝可以长短不一,错落有致更显层次美。

3. 指导幼儿进行花朵颜色的搭配、主花和点缀花及叶子的方位及层次。

延伸活动:

在简单插花的基础上可以延伸有层次感的插花或者自由创意的插花,还可以在生活中学习简单的花语,了解不同的花代表不同的祝福。

包　饺　子

活动目标：

1. 了解饺子是中国春节传统食品，激发幼儿对中国传统文化的兴趣。

2. 了解包饺子需要的工具、材料。

3. 学习包饺子的方法，促进手部动作发展。

活动准备：饺子馅、饺子皮、小勺子、盘子

活动过程：

1. 以谈话方式引起幼儿兴趣，了解春节的习俗，感受春节浓浓的气氛。

2. 认识包饺子的食材和用具名称，学习包饺子的方法。

①清洗双手，戴围裙、袖头。

②取饺子皮，把饺子皮平铺在左手上，在饺子皮的正中间放上一小勺馅。

③右手捏住饺子皮的下面往上对折呈半圆形，用大拇指按压饺子最上方，两层饺子皮要紧捏在一起。

④左手拿饺子，右手三指依次捏饺子边沿，防止饺子露馅儿。

3. 合作操作摆放

大孩子可以请弟弟妹妹往饺子皮上放馅儿，包好饺子后，让弟弟妹妹帮忙把饺子整齐地摆放在盘子里。

4. 活动结束

一起分享劳动果实，体验成功的乐趣，感受节日的快乐。

活动建议：

1. 放饺子馅儿时注意不要放得过多，防止在捏边过程中溢出。

2. 饺子皮要捏紧，以防煮的时候露馅儿。

3. 注意左右手的协调与配合。

延伸活动：

1. 尝试擀饺子皮。

2. 美工区提供橡皮泥,以游戏过家家的形式进行练习包饺子,加深幼儿的熟练程度。

活动评价：

幼儿在自主生活体验中,不仅掌握了包肉馅儿、捏花边的方法,而且还提高了手部动作发展的能力,体验到了自己做美食的快乐、与同伴之间分享美食的心情。

做 糖 葫 芦

活动目标：

1. 了解糖葫芦是中国传统小吃,激发幼儿对中国传统文化的兴趣。

2. 通过动手穿糖葫芦提高动手能力,促进手部精细动作发展。

3. 体验穿糖葫芦、吃糖葫芦的快乐,感受生活的乐趣。

活动准备：山楂、苹果、香蕉、冰糖、蜂蜜、锅、电磁炉、竹签、油、糖

活动过程：

1. 以谈话方式引起幼儿兴趣,了解并认识中国的各种传统小吃。

2. 认识做糖葫芦的食材和用具名称,学习做糖葫芦的方法。

①清洗各类水果,切丁装盘备用。

②左手拿水果丁,右手拿竹签,一个个把水果穿起来。

③开电磁炉,加热锅底,将白糖放入锅中均匀搅拌直至化成糖水。

④将融化的糖水倒入碗中。

⑤裹糖衣,拿起穿好的水果串放入糖水中蘸均匀,使水果上都蘸上糖水。

⑥等待糖水冷却,一串串晶莹剔透的糖葫芦就做好了。

3.合作制作糖衣

大孩子可以帮助弟弟妹妹在穿好的糖葫芦裹糖衣时,进行巡回指导,确保能均匀包裹糖衣。

4.活动结束

一起分享劳动果实,体验成功的乐趣。

活动建议:

1.注意穿糖葫芦的方法,左右手配合,避免扎伤。

2.融化糖水时注意温度不要过高,不用手摸糖水以免烫伤。

3.蘸糖水要均匀、适量。

延伸活动:

1.制作流程图。

2.可以制作山楂糖葫芦、多种水果组合糖葫芦,也可以在糖葫芦上撒芝麻调味。

摊 煎 饼

活动目标:

1.了解煎饼是中国农历二月二的习俗小吃,是大众喜爱的一种食品。

2.了解煎饼的制作过程,尝试动手制作煎饼。

3.体验做煎饼的乐趣,丰富生活体验。

活动准备:面粉、食用油、胡萝卜丝、菠菜、鸡蛋、葱、电饼铛、锅铲、火腿、打蛋器

活动过程:

1.以谈话方式引起幼儿兴趣,了解中国农历二月二的习俗小吃。

2.认识摊煎饼所用的食材和用具名称,学习摊煎饼的方法。

①清洗食材、餐具,将胡萝卜、菠菜、葱、火腿等食材切成丁状。

②将适量面粉装入小碗中备用。

③在碗中倒入少量凉白开,搅拌成无颗粒的糊糊状。

④将鸡蛋打入已经搅拌好的面糊糊中,搅拌均匀。

⑤将已经切好的食材撒入鸡蛋面糊中搅拌。

⑥在电饼铛里涂抹食用油。

⑦待电饼铛底部遇热,用勺子将搅拌好的煎饼汤盛入电饼铛中。

⑧待煎饼结块、起皮后用锅铲翻面。

⑨食材熟后即可出锅。

3.合作整理用具

大孩子请弟弟妹妹帮忙拿放、清洗用具,也可以让弟弟妹妹帮忙在电饼铛里刷油或撒放食材。

4.一起分享劳动果实,体验成功的乐趣。

活动建议:

1.在放食材的时候提醒幼儿适量不要放太多,搅拌均匀。

2.食用油涂抹适量。

3.使用电饼铛时不用手触摸里面,注意安全。

4.注意观察记录时间,以免煎饼做煳 。

延伸活动:

1.还可以准备其他蔬菜或水果加入煎饼中,制作多种口味的煎饼。

2.制作流程图。

包 粽 子

活动目标：

1. 初步了解包粽子的制作过程，掌握包粽子的方法。

2. 知道粽子是我国节日特色食品，激发幼儿对中国传统文化的兴趣。

3. 通过包粽子提高手部动作发展，体验参与生活的乐趣。

活动准备：粽子、糯米、红枣、花生、粽叶、粽线、盘子等

活动过程：

一、谈话导入，引出话题。

1. 教师：小朋友，你们知道端午节吗？

2. 谁能说一说端午节是什么时候？为了纪念谁的？（农历五月初五、屈原）

3. 在这一天，我们会吃什么？（粽子）

4. 今天老师也带来了粽子，请你看一看，摸一摸，粽子像什么？并用一句完整的话来说一说。

5. 今天我们就来包粽子。

二、介绍包粽子食材，幼儿学习包粽子。

1. 认识粽叶。

教师：粽子的形状真有趣，我们来闻一闻，香吗？你们知道这阵清香来自哪儿？是从粽子外面的这片叶子上散发出来的，它叫粽叶。

2. 认识包粽子的食材：糯米、红枣、花生。

3. 学习包粽子的方法。

①第一取一片粽叶，左手大拇指和右手大拇指分别捏粽叶两头进行对折，折成漏斗状，放于左手。

②右手用勺子取适量糯米放入漏斗里面。

③用左手握着粽身，右手将一片粽叶盖着糯米，压实，再将粽叶缠绕着粽身。

④再将另一片粽叶叠压在上一片粽叶上，同样方法，直到粽叶把糯米包起来。

⑤取粽绳绕粽子的身体固定，打结扎紧。

4. 请小朋友看包粽子流程图，自己尝试包粽子。

提示大孩子可以帮助弟弟妹妹缠粽绳、打结。

5. 教师：不管小朋友包什么形状的粽子，只要里面的米不漏出，你包的粽子就成功了，注意了，我们可不能浪费，不要把米弄到地上。

6. 幼儿尝试包粽子，教师巡回指导。

三、结束部分。

小朋友粽子包得可真棒！现在我们带上自己包的粽子请厨房师傅帮我们煮一煮，煮熟后一起品尝好不好？

活动建议：

1. 帮助幼儿练习包粽子的正确方法。

2.在合作时,注意粽叶要包紧,绳子要缠紧,以免糯米漏洒。

3.大孩子与小孩子合作时,引导弟弟妹妹观察模仿学习。

延伸活动:

1.可以尝试练习包出不同形状的粽子,如:三角形粽子、四角形粽子。

2.结合端午节传统文化,做出不同口味的粽子,可以在糯米中放入自己喜欢的食物:红枣、花生、火腿等。

搓五彩线

活动目标:

1.初步了解五彩线的制作过程,掌握搓五彩线的方法。

2.知道搓五彩线是我国端午节的习俗,激发幼儿对中国传统文化的兴趣。

3.通过搓五彩线提高手部动作发展。

活动准备:

五种颜色的细线、剪刀

活动过程:

1.以谈话的方式引起幼儿兴趣,认识搓五彩线的材料。

2.学习搓五彩线的方法。

①取出五种颜色的线,用剪刀剪出合适的长度。

②将五种颜色的线排列整齐,在线的一端打结。

③左手摁着打结处,右手紧拉彩线。在桌子上(或者在腿上)用右手用力向前搓五根彩线,使其拧成螺旋状。

④用左手捏紧已搓好的螺旋状彩线,防止脱落,用右手反复向前搓五彩线,直到彩线搓成自己想要的螺旋状。

⑤选取适合的长度打结,把多余的彩线用剪刀剪掉。

3.大孩子可以帮助弟弟妹妹将彩绳打结。

4.小朋友分享劳动成果,体验成功的乐趣。

活动建议:

1.在线端打结时,提醒幼儿尽量把线圈绕大,容易快速打结。

2.在搓的过程中,回手时紧捏已搓好的螺旋状彩线,防止脱落。

3.大孩子与小孩子合作时,引导弟弟妹妹观察模仿学习。

延伸活动：

1. 可以尝试搓彩色毛线或彩色麻绳。

2. 可以用珠子装饰彩绳。

缝 香 包

活动目标：

1. 初步了解缝香包的制作过程，掌握缝香包的方法。

2. 知道香包是我国端午节民俗特色，激发幼儿对中国传统文化的兴趣。

3. 通过缝香包提高手部动作发展，体验参与生活的乐趣。

活动准备：针线、布、棉花、彩绳、剪刀

活动过程：

1. 以谈话的方式引起幼儿兴趣，认识缝香包的材料名称。

2. 学习缝香包的方法：

①第一取一根针和长度适中的线，左手大拇指、食指捏针，右手大拇指、食指捏线，将线从针孔穿过，并将线尾打结。

②取出棉布和适量棉花，将棉花放在棉布中间，用双手将棉布包住棉花。

③左手三指捏好棉布，右手二指捏好针，将棉布边缝用针线缝住，直到全部缝好。

④取适当长度彩绳，缝在香包上方，当作提绳。

3. 请小朋友看做香包流程图，自己尝试缝香包。

4.大孩子可以帮助弟弟妹妹穿针引线、打结。

5.小朋友体验成功的乐趣,感受节日气氛。

活动建议:

1.帮助幼儿练习缝香包的正确方法。

2.在合作时,注意针线安全,小心扎到手,边线要缝紧,以免棉花漏出来。

3.大孩子与小孩子合作时,引导弟弟妹妹观察模仿学习。

延伸活动:

1.可以尝试练习缝出不同形状的香包,如:三角形香包、圆形香包等。

2.可以在香包上装饰自己喜欢的珠饰或图案。

做 月 饼

活动目标:

1.知道月饼是中国传统节日食品,知道月饼代表的寓意。

2.了解月饼的做法,尝试根据不同材料做出中秋月饼。

3.乐意参与制作月饼,体验参与生活的快乐。

活动准备:

小麦面粉、黑芝麻、红枣片、果仁、白糖、花生油、鸡蛋、月饼制作模具

活动过程：

1. 以谈话的方式引起幼儿兴趣,了解中秋节的来历和习俗,认识做月饼的材料。

2. 学习做月饼的方法：

①将白糖浆、食用碱、花生油、小麦面粉一点点结合,和成面糊。小麦面粉、白糖浆、食用碱花生油的占比先后为5:4:1

②把和好的面揪成尺寸相同的小面糊,并擀成面皮备用。

③把红豆沙揉捏成小饼形,包入鸭蛋黄,裹住成馅。

④将馅团放入擀好的面皮内,搓成面球。

⑤准备一个月饼制作模具,放进少量干小麦面粉,将包裹馅的面糊放进模具中,卡紧、铺平,成形后再将其从模具中取出。

⑥用生鸡蛋调成蛋汁,占比为3个鸡蛋:1个蛋黄,备用。

⑦把月饼放进烤盘里,用刷子刷上一层调好的蛋汁,放进电烤箱。

⑧电烤箱的温度为180°,烤20分钟左右,中间要取出再刷一遍蛋汁直至完成。

3. 大孩子带领弟弟妹妹一起分工合作完成制作月饼。

4. 小朋友分享制作的月饼,感受节日的欢乐气氛。

活动建议：

1. 和面的比例要灵活掌握,引导小朋友边加水边和面。

2. 把月饼从模具取出时要用劲均匀以免破坏月饼的形状。

3. 进烤箱的时间要依据月饼的尺寸控制,避免烤煳或不熟。

延伸活动:

在传统中秋月饼的做法的基础上可以调整材料尝试做各种口味和各种造型的月饼。

做枣花馍

活动目标:

1.知道枣花馍是中国传统民俗小吃,常在春节或女儿出嫁时食用,寓意美好。

2.了解枣花馍的制作过程和方法,丰富生活体验。

3.提高动手能力,感受参与生活的乐趣。

活动准备:面粉、白糖、红枣、酵母、擀面杖、牛排刀、面点梳子、塑料刀

活动过程:

1.以谈话的方式引起幼儿兴趣,认识做枣花馍的材料。

2.学习做枣花馍的方法:

①取提前醒好的面团。

②双手把面团放在案板上揉搓成长条,用刀切成大小均等的面团。再用擀面杖把面团擀成圆片,擀时要在案板上撒面粉防止粘连,擀好后一一摆放整齐。

③取面点梳子对称按压花纹,取塑料刀沿着面片左右两边各切两刀,接着用大拇指和食指将中间折造型,上下面片对齐捏紧,使其黏合在一起,再次将三张面片摆放在一起,用筷子从中间夹起来。

④把红枣夹在相邻的花瓣中间,两片花瓣捏一起防止枣掉下来。

⑤把枣花馍放入蒸锅蒸 30 分钟即可。

3. 大孩子可以帮助弟弟妹妹捏花瓣造型。

4. 小朋友分享劳动成果,感受节日的欢乐气氛。

活动建议:

1. 帮助幼儿练习做枣花馍的正确方法。

2. 在合作时,大孩子要教小孩子捏花瓣,避免大孩子包办。

3. 大孩子与小孩子合作时,引导弟弟妹妹观察模仿学习。

延伸活动:

1. 结合春节传统文化,可以尝试练习包出不同造型的枣花馍,如:金鱼形状等。

2. 可以在枣花馍上用不同干果装饰。

第四节 课程实施的途径

结合我园的实际情况,生活教育课程的实施途径主要通过区域活动、混龄教育、一日生活中的渗透和家园共育四种途径进行。

1. 区域活动中的生活教育

区域活动是一种灵活的教育形式,是幼儿主动学习的一种重要途径,将区域活动中融入生活教育是非常切合幼儿年龄特点的一种教学方式。我们搭建了充满生活气息的区域环境,投放了丰富的可操作材料,通过教师小组示范、幼儿自主选择操作的形式进行课程的渗透和实施,让幼儿在亲身体验和实际操作中获得动作的发展、经验的提升。

2. 混龄教育中的生活教育

混龄班的体制本身就是生活教育的资源,而生活教育的本质也是在生活中发展起来的教育。在混龄的状态下,幼儿之间有了更多的交往、互助、学习的机会,年龄小的幼儿通过观察模仿、参与和学习年龄大的幼儿工作,获得大孩子的关爱、引导和帮助;年龄大的幼儿通过独立的工作和协助年龄小的幼儿活动,获得自信、责任心和领导能力,这种自然的状态势必会推动生活教育的内涵发展。

3. 一日生活中的生活教育

生活即教育,教师可以结合一日生活中的各个环节开展生活教育课程的渗透和实施,如每日餐前、餐后的值日生工作,起床环节的生活整理,户外活动后的穿脱衣服及叠放整理等,这些点滴时间都是开展生活教育的良好途径。教师结合课程的目标,针对不同幼儿进行有针对性的指导,帮助幼儿养成良好生活习惯,提高自主生活能力。

4. 家园共育开展生活教育

家庭是幼儿生活的主要场所,家庭中亲子互动的指导方式更有利于幼儿基本生活技能和经验的学习。我们利用周末、假期及疫情延学期间开展了丰富多彩的生活教育活动,通过微信、网络等形式将课程推送给家长,指导家长在家庭中开展生活教育,更好地帮助幼儿掌握生活技能,提高对生活的热爱之情。

随着幼教工作者对幼儿学习特点的了解,生活化教育活动必将会更深入地应用于幼儿园课程中。课题组将课程进行整理汇总,不仅是对课题研究成果的呈现,也希望将成果进行推广,带动更多的幼儿园重视并开展生活教育,让幼儿在实际操作和亲身体验中了解生活、学会生活、热爱生活,为其终身发展奠定良好的基础。

参 考 文 献

[1]张春玉. 开展幼儿户外混龄自主游戏活动的实践探究［J］. 文科爱好者，
　　2023，(05)：211-213.

[2]胡琳. 混龄教育模式在幼儿园学前教育改革中的作用与应用研究［J］. 教
　　师，2023，(21)：81-83.

[3]梁昊海,刘梦玲. 从心理学角度探讨协作学习在学前混龄教育中的适用性
　　［J］. 求知导刊，2023，(19)：128-130.

[4]冯雅静. 混龄环境下特需幼儿个别化教育计划的制订与实施［J］. 福建基
　　础教育研究，2023，(06)：134-138.

[5]梁宇佳,李香玲. 混龄游戏中幼儿社会性发展的支持策略［J］. 基础教育
　　研究，2023，(08)：97-99.

[6]曹莉莉. 学前教育中混龄演艺活动实践研究［J］. 青海教育，2023，
　　(Z1)：96.

[7]赵雪琴. 对幼儿园组织混龄教育活动的思考［J］. 山西教育(幼教)，
　　2022，(12)：76-77.

[8]王冬梅. 探析学前教育中幼儿游戏精神的实践路径[C]// 成都市陶行知
　　研究会. "行知纵横"教育与教学研究论坛(第八期)论文集. 新疆伊犁州
　　新源县塔勒德镇幼儿园；2022：10.

[9]刘惠敏. 混龄教育中幼儿同伴冲突特点及解决对策[C]// 北京教育音像
　　报刊总社学前教育杂志社. 第四届张雪门教育思想研讨会论文集. 深圳市
　　龙华区广培小学附属茗语华苑幼儿园；2022：6.

[10]查娟仪. 混龄幼儿室外游戏活动开展的困境与对策分析［J］. 新课程研
　　究(中旬一单)，2022，(32)：111-113.

[11]刘晴晴,陈理宣. 幼儿园混龄区域活动的实然反思与应然策略［J］. 教育
　　科学论坛，2022，(29)：67-70.

[12]浦新梅. 以户外混龄游戏培养幼儿社交能力的策略研究［J］. 教育界，
　　2022，(28)：125-127.

[13]杨曼茹. 幼儿园混龄教育与学前教育改革探究［J］. 科幻画报，2022，
　　(09)：17-18.

［14］刘晶波. 关于"混龄教育不是什么"的命题与反思［J］. 幼儿教育，2022，
　　（Z4）：42-45.

［15］魏琴琴（Vanessa Wei）. 混龄教育中教师介入幼儿同伴冲突的行动研究
　　［D］. 江苏大学，2022.

［16］何金秀. 混龄教育背景下的幼儿同伴冲突解决策略［J］. 山西教育（幼
　　教），2022，（06）：76-77.

［17］程章红. "家庭式"混龄课程的开发与实践［J］. 儿童与健康，2022，
　　（06）：32-33.

［18］谭英明. 改善混龄教育中被忽视幼儿同伴关系的行动研究［J］. 河北北
　　方学院，2022.

［19］袁碧清. 幼儿园混龄游戏的指导策略［J］. 基础教育论坛，2022，（13）：
　　88+90.

［20］曹守利. 幼儿园混龄教育与学前教育改革方向探索［J］. 求知导刊，
　　2022，（12）：32-34.

［21］张玲，张桂芝. 混龄教育背景下儿童利他行为发展的教育策略［J］. 家教
　　世界·现代幼教，2022，（12）：59-60.

［22］刘文，李京霖，张嘉琪等. 混龄教育对3~4岁幼儿创造性人格的影响：气
　　质的调节作用［J］. 心理科学，2022，45（02）：356-363.

［23］赵一锦. 学前教育中班同伴交往中混龄交往的问题和对策分析［J］. 科
　　幻画报，2022，（03）：181-182.

［24］齐铭. 幼儿教育中幼儿自信心的培养策略［J］. 知识文库，2022，（02）：
　　169-171.

［25］李娅，刘倩. 对混龄教育实践的反思与建议［J］. 才智，2021，（33）：
　　160-162.

［26］黛西. 混龄教育：让成长顺其自然［J］. 教育家，2021，（46）：28-29.